ALFRED GAUVET

LA
PRONONCIATION FRANÇAISE

ET

LA DICTION

A l'usage des écoles, des gens du monde
et des étrangers.

HUITIÈME ÉDITION

*Accompagnée de lettres adressées à l'auteur par MM. Delaunay,
Got et Massenet*

PARIS

PAUL OLLENDORFF, LIBRAIRE-ÉDITEUR
28 *bis*, RUE DE RICHELIEU, 28 *bis*

1886

LA
PRONONCIATION FRANÇAISE

ET

LA DICTION

Imp. Georges Jacob, — Orléans.

ALFRED CAUVET

LA
PRONONCIATION FRANÇAISE

ET
LA DICTION

A l'usage des écoles, des gens du monde
et des étrangers

HUITIÈME ÉDITION

Accompagnée de lettres adressées à l'auteur par MM. DELAUNAY,
GOT *et* MASSENET.

PARIS

PAUL OLLENDORFF, LIBRAIRE-ÉDITEUR
28 *bis*, RUE DE RICHELIEU, 28 *bis*

1886

A MONSIEUR DELAUNAY

En sa triple qualité d'homme de bonne compagnie, d'artiste dramatique irréprochable et d'éminent professeur au Conservatoire de Paris,

Hommage de fervente admiration et de sincère reconnaissance pour les conseils dont il a bien voulu honorer l'auteur de cet ouvrage.

LETTRE DE M. DELAUNAY.

Versailles, 13 mai 1881.

Monsieur,

Je reçois à l'instant votre remarquable travail et je vous remercie triplement pour la dédicace, pour l'allusion à l'*Impromptu* et pour les services que votre livre va rendre à mes élèves.

Je vais le relire dans la ville du grand roi et si je trouvais quelque observation à vous faire, — ce que je ne crois pas, — je vous la transmettrais pour les prochaines éditions.

Encore merci, cher Monsieur, et bien à vous.

DELAUNAY.

LETTRE DE M. GOT.

Paris, 29 juin 1881.

Monsieur,

Je vous remercie beaucoup de l'envoi que vous avez bien voulu me faire de votre petit traité sur la « Prononciation française et la Diction ». Je l'ai parcouru avec intérêt et j'y ai trouvé un grand nombre d'observations d'une justesse irréprochable et que je n'avais jamais classées moi-même, je l'avoue, tout artiste et professeur que je suis depuis tant d'années déjà.

En un mot, il y a là un résumé élémentaire d'études que les étrangers surtout et les Français des provinces à accent spécial, pourront toujours consulter utilement.

Recevez, Monsieur, l'assurance de ma considération distinguée.

GOT.

LETTRE DE M. MASSENET.

Paris, le 17 juin 1881.

MONSIEUR,

Il y a fort longtemps que je dois vous écrire et vous remercier de l'envoi de votre ouvrage si intéressant « La Prononciation française ». J'en ai lu des extraits à ma classe et je vous assure que j'ai profité de vos bonnes leçons. Je vous sais gré d'avoir songé à m'envoyer ce livre et je suis bien sensible à votre fidèle souvenir.

Bien à vous cordialement et avec toutes mes félicitations.

MASSENET.

PRÉFACE

Si les préceptes de la diction, comme ceux de la rhétorique en général, reposent sur des lois immuables, il n'en est pas de même pour les règles de la prononciation. Ces dernières sont, en effet, sujettes à des changements qui s'imposent aussi arbitrairement que les variations de la mode.

C'est pour cette raison que, dans les ouvrages du genre de celui-ci, on doit, à chaque nouvelle édition, enregistrer les arrêts les plus récents de ce tribunal suprême que Molière appelle le bel usage.

Un tel travail répugne ordinairement aux

grammairiens comme aux lexicographes, et l'on sait qu'ils se bornent, pour la plupart, à reproduire les indications traditionnelles de leurs devanciers.

Ce livre est donc écrit pour les personnes qui veulent se tenir au courant de ces fréquentes modifications.

Loin de prétendre imposer des opinions personnelles, nous déclarons n'avoir fait que consigner, dans l'ordre le plus rationnel possible, les espèces de décrets dont nous venons de parler, et tels qu'ils sont appliqués soit à la Comédie-Française, soit au Conservatoire de Paris.

Quand l'instruction tend partout à se développer, il nous a semblé utile de répandre une forme d'enseignement qui est le complément indispensable de toute bonne éducation.

A MONSIEUR ERNEST LEGOUVÉ

De l'Académie française

MONSIEUR,

Permettez à l'un de vos plus fervents admirateurs de vous adresser, comme un hommage bien mérité, quelques réflexions sur un art que vous avez traité avant lui avec autant de talent que de succès.

Votre illustre ami Lamartine, qui était comme vous, Monsieur, un lecteur émérite en même temps qu'un excellent orateur, était partisan, comme vous le savez, du mouvement dans le geste et dans le jeu de la physionomie, autant que des changements d'intonation dans le débit.

Voici quelques lignes que je trouve à ce sujet dans la préface des *Méditations :*

« Pendant que notre mère berçait du pied une de mes petites sœurs dans son berceau et qu'elle allaitait l'autre sur un long canapé d'Utrecht rouge et râpé, à l'angle du salon, mon père lisait la tragédie de Mérope. *Sa voix changeait d'accents avec le rôle.* C'était tantôt le tyran cruel, tantôt la mère tremblante, tantôt le fils errant et persécuté ; puis les larmes de la reconnaissance, puis les soupçons de l'usurpateur, puis la fureur, la désolation, le coup de poignard, les larmes, les sanglots, la mort, le livre qui se refermait, le long silence qui suit les fortes commotions du cœur. Tout en creusant mes flûtes de sureau j'écoutais, je comprenais, je sentais. »

Sentir, Monsieur, tout est là ; vous l'avez dit vous-même et vos nombreux auditeurs ne vous ont pas moins rendu justice que les lecteurs de vos livres sur l'art de la lecture.

Comme le mien s'adresse aux élèves des écoles en même temps qu'aux gens du monde et aux étrangers, j'ai dû donner à mes leçons une forme plus précise, plus technique, de manière à faire plus d'impression sur les esprits et à graver plus fortement mes règles dans la mémoire.

Il n'est personne qui ne sache par cœur la fable de La Fontaine intitulée *Le Loup et l'Agneau*. Qu'on la récite et l'on verra si le narrateur doit avoir le ton du carnassier et si ce dernier doit parler comme sa petite victime.

Qu'on prenne aussi pour exemple la première scène d'Amphitryon et l'on se convaincra que Sosie, dans son long monologue, serait insupportable s'il n'appliquait pas la règle des trois intonations : la voix mixte pour ses propres paroles, la voix aiguë pour celles qu'il prête à Alcmène et le ton guttural pour les *à-parte* qui sont entre parenthèses.

L'approbation que mon traité a reçue, autant de la part de la presse parisienne que des professeurs du Conservatoire et de nos meilleurs artistes dramatiques, m'engage à y apporter, à chaque nouvelle édition, tout le soin et toutes les améliorations possibles.

J'ai été heureux de me trouver d'accord avec les auteurs qui ont, après moi, écrit sur ce sujet. Loin de moi la prétention d'avoir révélé l'inconnu ; je borne mon ambition à dire qu'à votre exemple, Monsieur, j'ai toujours pris pour guide la nature. C'est sa voix que j'ai constamment écoutée, et c'est à cette grande et impeccable conseillère que je reporte tous les éloges qu'on a bien voulu faire de l'œuvre de son interrogateur constant et de son docile auditeur.

Bois-Colombes, septembre 1885.

OBSERVATIONS GÉNERALES

**La voix. — L'élocution. — L'articulation.
L'accent tonique.**

L'émission correcte de la voix doit faire l'objet de la première étude dans l'art de la lecture et de la récitation.

Quand cet organe est irrégulier ou, comme on dit à propos du chant, quand il *détonne*, il faut qu'on le réforme par des efforts souvent répétés.

Une voix normale est celle qui est bien équilibrée, de manière à mettre en jeu les deux intonations accessoires, qui sont, l'une plus haute et l'autre plus basse, que le ton ordinaire.

Dans les sujets les plus fréquents, tels que les descriptions, les narrations historiques, les récits de voyages, etc., c'est le médium ou voix mixte qu'il faut toujours employer.

On ne doit faire usage de la voix élevée qu'accidentellement, par exemple dans les scènes comiques qu'on appelle imitations, pour proférer des cris ou des imprécations violentes.

Quant à la voix basse, on s'en sert de même dans les cas exceptionnels, comme dans les *a-parte*, dans les phrases confidentielles, pour exprimer une fureur concentrée ou pour faire parler un personnage dont on veut reproduire le ton guttural.

Ces deux dernières intonations sont surtout nécessaires dans les dialogues récités par une seule personne. Il est évident que la monotonie rendrait alors le sujet fort ennuyeux, et que, pour ne mentionner que les fables de La Fontaine, une voix uniforme interpréterait d'une manière incomplète la diversité qu'on trouve dans la plupart de ces apologues.

Nous donnons à la fin de cet ouvrage trois exercices qui pourront servir aux lecteurs dont la voix manque de variété.

On appelle *élocution* la manière de rendre les idées par la parole, conformément au choix et à l'arrangement des mots; elle exige que la voix donne aux phrases les diverses expressions qui leur conviennent.

C'est par cette variété dans le débit, c'est par les nuances dont l'organe doit faire une sérieuse étude, c'est par des transitions habilement ménagées, enfin c'est par les gradations et les contrastes qu'on excelle dans la récitation et qu'on captive l'attention avec le plus de succès.

Ainsi la voix devra suivre une progression tour à tour montante et descendante dans ces deux vers :

> L'aquilon siffle, hurle ; il rugit, il tempête,
> Gronde et frémit au loin, puis murmure et s'arrête.

Il en sera de même dans les antithèses, où la voix s'élèvera et s'abaissera selon la force ou la faiblesse des mots qui sont en opposition. Le vers suivant offrira une facile application de cette règle :

> Insultez-moi, criez ; je vous plains et me tais.

On donnera aussi une sonorité particulière aux termes qui ont le plus d'importance. Après avoir cherché l'idée principale, on fera ressortir chaque mot qui est destiné à l'interpréter. Nous employons les caractères italiques pour noter ceux que la voix doit mettre en relief dans ces trois vers :

> Laissons là vos conseils ; c'est l'*exemple* qu'il faut.
> Le coupable, c'est *Jean*, puisqu'il faut qu'on le nomme.
> Je vous l'ai dit *vingt fois*, mais vous n'écoutez pas.

Cette recherche si indispensable du terme saillant est surtout applicable aux phrases monosyllabiques. Ainsi, dans ce distique :

> Non, ce n'est pas pour rien que l'on est sur la terre ;
> Fuir le mal n'est pas tout : c'est le bien qu'on doit faire,

le lecteur qui voudra bien traduire la pensée de l'auteur appuiera sur le mot *bien*, qui renferme l'idée dominante de la phrase.

Les mots répétés plusieurs fois s'expriment également avec force, comme dans ce vers d'Émile Augier :

Et c'est *moi* qui m'en vais le front haut, *moi* qu'on chasse !

L'élocution nécessite également l'étude des pauses qui sont indiquées par la ponctuation. On sait, à cet égard, qu'il faut ordinairement une seconde pour une virgule, deux pour un deux points et un point et virgule, et quatre pour un point final. Un plus long silence, dont on profite pour aspirer, c'est-à-dire pour attirer l'air dans ses poumons, doit avoir lieu chaque fois qu'on veut laisser les assistants sous l'influence d'une forte impression. Dans tous les cas, on veillera attentivement à ce que la respiration ne trahisse jamais un effort trop visible, car, autrement, on lasserait autant son auditoire qu'on se fatiguerait soi-même.

L'*articulation* est la prononciation exacte de toutes les syllabes, qui, selon la définition de La Bruyère, sont nécessaires pour nous faire entendre.

C'est surtout pour les lecteurs dont la prononciation laisse à désirer sous ce rapport que nous avons écrit les règles qui sont formulées à la suite de ces réflexions.

Avant d'entrer dans les détails des différents sons

de notre langue, nous avons à parler de l'*accent tonique*.

Quelques étrangers ont prétendu que toutes nos syllabes avaient une valeur égale. C'est là une erreur tellement absurde, qu'il semble presque inutile de la réfuter, comme l'a si bien fait Sainte-Beuve. « Sans doute, dit cet illustre critique, nos inflexions sont moins fortes qu'en italien et en anglais; mais une oreille délicate reconnaîtra aisément que notre prosodie a ses lois déterminées. »

Autant par raison d'euphonie que pour le besoin de nous faire comprendre, il doit y avoir dans nos paroles des sons plus frappants que certains autres; mais il faut se garder de confondre le terme en relief avec l'accent tonique. Le premier, comme nous venons de le faire voir, peut souvent être un mot très faible par lui-même, et qui n'acquiert son importance spéciale que par le rôle qu'il joue dans la phrase. Quant à l'accent tonique, qu'on nomme aussi l'accent syllabaire, il consiste simplement, dit Littré, dans le ton un peu plus marqué dont on prononce, dans un mot, une syllabe particulière.

Voici les règles de l'accent tonique, telles que l'usage les a toujours consacrées :

1º Dans les mots de deux syllabes avec ou sans finale féminine, c'est généralement la syllabe mobile, c'est-à-dire la seconde, qui doit être la plus fortement prononcée : *jaloux, jalouse, premier, première, coquet, coquette, finir, fini, donner,* je *donnais,* etc.

2º On scande les mots de trois syllabes en appuyant d'ordinaire sur la première et sur la troisième : *monument, politesse, manuel, mécanique, résolu,* etc.

3º Dans les mots de quatre ou de cinq syllabes, on donne généralement la force à la deuxième et à la dernière : *anatomie, égalité, paratonnerre, extradition, simultanément, interlocuteur,* etc.

REMARQUE. — Les mots joints par un trait d'union doivent être considérés comme n'en formant qu'un seul; ils sont donc assujettis aux règles précédentes; ainsi, en accentuera les finales dans *fit-elle, dit-il, chou-fleur,* etc.; la première et la troisième syllabe dans *vis-à-vis, donnez-vous, tout-puissant,* etc.; la deuxième et la dernière dans *remettez-vous, sous-carbonate, accepta-t-il, désespéra-t-elle,* etc.

Exceptions. — Si une des voyelles graves *â, ê, ô,* ou une des syllabes *aî, au,* offrant un son équivalent à ces dernières, se trouve ailleurs que dans les cas de tonalité que nous avons indiqués, c'est sur cette voyelle ou sur cette syllabe qu'on devra naturellement peser avec plus de force, et cette sonorité des syllabes graves est même très supérieure à celle des syllabes toniques ordinaires, comme on peut le voir dans *gâter, bâtir, fêter, trôner,* vous *paraîtrez,* ils se *repaîtront, jaunir, miauler,* etc.

Dans les doubles consonnes accentuées, on appuiera sur les syllabes où a lieu ce redoublement : *terreur, horrible*, *Cinna*, etc. (voir les consonnes dans le corps des mots) ; de même quand un *r* devant une autre consonne exige une forte vibration : *sortez ! morbleu ! perfide*, etc., ce qui a lieu surtout dans la déclamation dramatique.

Les nasales dans le corps des mots doivent être également exprimées avec plus de force que les syllabes ordinaires : vous *fondez*, vous *fendez*, il *répondit*, il *répandit*, la *longueur*, la *langueur*, *détremper*, *détromper*, etc.

Dans les mots où il y a deux sons graves consécutifs, tels que : *mauvais*, *gâteau*, je *tâchais*, etc., l'accent tonique doit toujours se mettre sur la pénultième.

Pour nous résumer, nous dirons qu'il faut observer que le terme saillant offre plus de sonorité que tous les autres mots, et que la syllabe grave doit être plus accentuée que la syllabe tonique ordinaire.

On trouvera plus loin un exercice détaillé de scandaison et d'élocution qui s'appliquera également à toutes nos règles de prononciation ; c'est dans ces dernières surtout que l'on verra en quoi les syllabes graves diffèrent de celles qui sont brèves.

Nos lecteurs pourront toutefois employer dès maintenant, s'ils le jugent à propos, le procédé qui leur est offert dans le quatrain suivant : les lettres italiques indiquent les syllabes graves, et les petites majuscules

les syllabes toniques ordinaires; le mot en relief est, en entier, en caractères italiques.

Hélène a la beauté, la fraîcheur, la jeunesse,
Outre le jugement, le savoir, la finesse :
Mais un point noir, hélas ! vient gâter tant d'attraits :
C'est le *cœur* qui lui manque et qu'elle n'eut jamais.

On pourra aisément scander de la même façon ces quatre autres vers :

Fuis les plaisirs trompeurs trop féconds en alarmes,
Et dont les vains appas semblent seuls t'arrêter :
Si tu veux être heureux, avant de voir leurs charmes,
Enfant, c'est le devoir que tu dois écouter.

PRONONCIATION

A grave.

On donne à l'*a* grave un son légèrement guttural.

C'est toujours sur cette voyelle, dans chacune des règles de cette leçon, qu'il faudra mettre l'accent tonique.

A est grave :

1º Quand il est surmonté d'un accent circonflexe : *blâmer, mâle, pâle, pâte, tâche, tâcher, mât, mâtin, bât, bâton, bâtir, flâner*, etc., excepté dans les terminaisons *âmes, âtes, ât* des verbes de la première conjugaison, où cette voyelle est toujours brève : nous *entrâmes*, vous *allâtes*, qu'il *parlât*, etc.

2º Dans les terminaisons *asion, assion, ation : occasion, compassion, constellation*, etc.

3º Dans les mots où *as* et *az* sont devant une voyelle : *phrase, gaze, topaze, blasé, écraser, masure*, etc.

4º Dans les noms et les adjectifs terminés en *as*, ainsi que dans leurs dérivés et leurs composés : *las,*

lasse, lasser, délasser, las, entasser, pas, passer, sur-
passer, damas, damassé, etc.

REMARQUE. — La consonne *s* est insonore dans les mots terminés en *as* : *coutelas, verglas,* etc., et dans les noms propres suivants : *Colas, Dumas, Judas, Lucas, Nicolas, Privas, Thomas, Vaugelas ;* mais on la prononce dans *Arras, Barras, Boissy-d'Anglas, Calas, Faublas, Havas,* de même que dans les noms propres étrangers *Atlas, Blas, Madras, Damas* (ville), *Léonidas,* etc., et dans *as* (carte), *hélas, pancréas, vasistas, choléra-nostras.*

Exception. — L'*a* est bref dans la finale *as* de la deuxième personne du singulier, comme dans les noms dont le singulier se termine en *a* : tu *viendras,* les *parias,* les *acacias,* etc.; de même dans l'adverbe *pas* : il n'a *pas* dit un mot.

Le mot *lacs* (piège) se prononce comme l'adjectif *las* et forme la liaison de l's devant une voyelle :

> Le *lacs* était usé.
> (LA FONTAINE.)

5° Les noms terminés en *aille* ont aussi l'*a* grave : *taille, bataille, mitraille,* etc. (voir *ll* mouillés dans le corps des mots); mais cette syllabe est brève dans *limaille* et dans *médaille.*

6° L'usage veut que l'*a* soit grave dans les mots suivants : *barre, tare, cabrer, cadre, carré, carreau, diable, fable, casse, casser, classe, échasse, nasse, tasse, manne* (terme médical), *damner, condamner* (l'*m* est insonore dans ces deux derniers mots), *Jeanne, Jacques, sabre,* et dans l'*a* médial du verbe *accabler.*

7° La diphtongue *oi,* dont l'*i* est marqué d'un accent circonflexe, se prononce comme *ou* très-bref suivi d'un *a* grave : *cloître, cloîtrer; croître,* il *décroît,* etc.; il en est de même pour les huit mots suivants : *bois, mois, poids, pois, poix, empois, trois, noix.*

Dans tous les autres mots, ces finales ont le son d'un *a* bref : je *reçois,* tu *bois,* les *lois,* les *rois, choix, quelquefois,* etc.

On donne le ton grave de la diphtongue *oî* aux trois mots *poéle, poélon, poélier.*

EXERCICE SUR L'A GRAVE :

Les basses passions triomphent ici-bas.
Hélas ! pour les humains le vice est plein d'appas.
Cette admiration qu'il trouve et qui me fâche
Offre à l'âpre critique une bien dure tâche.

A bref.

L'émission de cette voyelle se fait naturellement, sans aucun effort, comme dans le mot *papa*.

A est bref :

1° Quand il est surmonté d'un accent grave : *voilà déjà, là, holà,* etc.

2° Partout où il est en dehors des cas de la leçon précédente : *patte, tache, tacher,* il *bat,* nous *battons, matin, anoblir, mal, gamme, manne* (panier d'osier), *calme, pléonasme, constamment, psalmiste, asthme, asthmatique*, etc. (le *t* est insonore dans ces deux derniers mots devant la lettre *h*).

REMARQUES. — On fait sonner le *c* des mots terminés en *ac, arc, sac, lac* (et son pluriel les *lacs,* qu'il ne faut pas confondre avec le mot dont il est question dans la leçon précédente), *frac, parc,* etc.; mais le *c* est insonore dans *tabac, estomac, almanach, marc* d'argent et *marc* de café ou de raisins.

Les consonnes *d, s, t* ne se prononcent pas à la fin des mots terminés en *at, ard, ars, art : combat, lard, épars, rempart,* etc.; mais on fait entendre les consonnes *s* et *t* dans *Ars, mat* (adjectif ou substantif) :

un teint mat, *échec et mat, stabat, exeat, vivat, Goliath* et *fat.*

> Ils traitent du même air l'honnête homme et le fat.
> (MOLIÈRE.)

On fait de même entendre les consonnes *ps, pt* et *z*, dans *laps, relaps, rapt* et *gaz;* mais le *z* est nul et l'*a* grave dans le mot *raz :* le *raz* de marée.

La consonne *m* doit se faire entendre dans les mots terminés en *am : macadam, islam, Amsterdam*, etc., excepté dans *Adam* et *quidam*, qui ont le son de la nasale *an*.

3° La voyelle *e* suivie de *mm, mn, nn* dans le corps des mots a le son d'un *a* bref : *prudemment, sciemment, indemnité, indemniser, nenni, hennissement, solennel*, etc.; il en est de même dans *femme, femmelette, couenne* et *couenneux;* mais on prononce ces syllabes comme un *m* et comme un *n* dans : sel *gemme, ennemi*, et on leur donne le son de la nasale *an* dans les mots commençant par *emm*, tels qu'*emmancher, emmener, emménager*, etc., et dans *ennui, ennuyer, ennoblir*. — L'*e* se prononce comme un *e* fermé dans *Apennins*.

4° La diphtongue *oi, oy*, à part les cas de la leçon précédente, se prononce comme *ou* très faible suivi d'un *a* bref : *soir, victoire*, il *boit, moine, soif, doigt, soie, loyal, foyer, Fontenoy*, etc., excepté dans *oignon, moignon, poignée, poignet, empoigner, encoignure*, où l'*i* est nul, et dans les mots *roide, roideur, roidir*, qu'on prononce *raide, raideur, raidir*, conformément à l'orthographe qui prévaut aujourd'hui.

On fait sonner le *t* du mot *soit* quand il signifie *d'accord*, même quand il rime avec un autre où cette consonne est insonore :

> . . . . Le dessein que mon âme en conçoit
> N'est rien qu'à votre exemple. — A mon exemple, soit !
>
> (MOLIÈRE.)

Les mots *moelle, moelleux, moellon*, se prononcent comme *voile, voilons*.

Le tréma sur l'*i* après les voyelles *a* et *o* exige qu'on prononce séparément ces voyelles : *aïeul, glaïeul, haïr, Laïs, Zoïle, stoïque, héroïsme*, etc. (prononcez : *a-ieul, ha-ir, La-isse, Zo-ile*, etc.).

Pour marquer la différence qui existe entre le son de l'*a* grave et celui de l'*a* bref, on fera bien de prononcer plusieurs fois les phrases suivantes :

A GRAVE :	A BREF :
L'*âne* porte son *bât*.	On *bat* le fer quand il est chaud.
Le *mâtin* était de *taille* à se défendre. (LA FONTAINE.)	Il est bon de se lever de grand *matin*.
J'ai trop couru : je suis *las*.	Est-ce que vous n'êtes pas bien *là* ?
Vous restez trop près du *poêle*.	Un jeune garçon sans *poil* au menton. (LA FONTAINE.)
On récolte en Sicile une espèce de suc qu'on appelle *manne*.	Votre *manne* est pleine de linge.

EXERCICE SUR L'*A* BREF.

Le mot original, comme le chat qu'on flatte,
S'enfuit à notre appel; le caprice est sa loi.
Veux-tu qu'à tes côtés l'un ou l'autre s'ébatte?
Ne le poursuis pas trop; il accourra vers toi.

AUTRE EXERCICE SUR l'*A* GRAVE ET L'*A* BREF COMPARÉS.

On a raison de dire que gâter les enfants, c'est ne
les aimer que pour soi et n'en faire que des ingrats.
Une comédie du théâtre anglais, appelée *L'Humilité
pour la Victoire*, nous fait voir un jeune fat choyé
par la mère la moins raisonnable. Ce vaurien, nommé
Tony, se laisse empoigner par toutes les passions : le
travail l'ennuie; il parle avec fracas; il fume impu-
demment son tabac au nez de tout le monde; il boit
comme quatre; il a des relations avec des gens de la
classe la plus méprisable; il connaît mieux l'as de
pique et le valet de carreau que l'orthographe et son
atlas. La faiblesse maternelle n'est bonne qu'à produire
de ces garnements blasés qui font partout condamner
ce manque total de sérieuse éducation.

E ouvert.

L'*é* ouvert s'appelle ainsi parce qu'il faut bien ouvrir la bouche pour le prononcer convenablement. Cette voyelle, aussi forte que l'*a* grave, exige, comme cette lettre, une accentuation plus frappante que celle des syllabes ordinaires. Ainsi, dans *repêcher*, la tonalité sera sur la seconde syllabe.

E est ouvert :

1° Quand il est surmonté d'un accent circonflexe : *grêle, prêtre, bêler, bêle, mêler, empêtrer*, etc., excepté dans le mot *frêt*, où le *t* est sonore et l'*e* moyen;

2° Dans les monosyllabes *mes, tes, ses, les, ces*, tu *es;* sauf dans la conversation familière, où l'*e* est moyen devant une voyelle : *mes* amis, *tes* ouvrages, etc. L'*e* est également ouvert dans la terminaisou *ès* : *accès, procès, près, succès*, etc.; mais l's est sensible et l'*e* moyen dans les mots étrangers : *aloès, Cortès, florès, Cérès, Xercès, Xérès*, etc. (prononcez *Czercesse, Kéresse) ;*

3° Dans les mots terminés en *et, ets : jouet, discret, budget, entremets*, etc. On prononce de même, sans faire sonner *gs* et *et*, les mots *legs, aspect, circonspect, respect, suspect* (voir les règles des liaisons). Le mot *fouet* se prononce souvent *fouá;* mais, depuis quelques années, on lui donne de préférence le son d'un *ê* ouvert, et on le prononce comme *jouet.*

On excepte de la règle précédente la conjonction *et,* qui a le son d'un *é* fermé, et les mots *net, Japhet, Élisabeth, Josabeth, Seth, Nazareth,* où l'*e* est moyen et le *t* sensible :

Madame, voulez-vous que je vous parle net?
(MOLIÈRE.)

4º Dans les noms et les adjectifs terminés en *ai, ay, ey* : *balai, minerai, vrai, Fontenay, Ney, Moncey, jockey, poney,* etc., excepté dans l'adjectif *gai,* qui a le son de l'*é* fermé.

5º On donne également le son de l'*ê* ouvert aux finales *aid, aie* (dans les noms), *ais, ait, aient, aix,* et à la syllabe *aî* dont l'*i* est marqué d'un accent circonflexe : *laid, craie, jamais, trait,* ils *entraient, paix, faîte, naître,* il *renaîtra,* etc., excepté : que j'*aie,* que tu *aies,* qui ont le son de l'*é* fermé, de même que les finales *aie, aies, aient* des verbes de la première conjugaison : je *paie,* tu *bégaies,* ils *essaient,* etc. On donne le même son à la syllabe *aie* dans le corps des mots : nous *essaierons,* il *balaiera,* etc. On prononce également comme un *é* fermé les trois premières personnes du singulier de l'indicatif du verbe *savoir :* je *sais,* tu *sais,* il *sait.*

Dans le corps du verbe *faire,* de ses dérivés et de

ses composés, la syllabe *ais* prend le son d'un *e* muet : nous *faisons, défaisant, faiseur, bienfaisance*, etc. L'usage veut qu'on prononce de même *faisan, faisandé, faisanderie*.

Le *t* du substantif *fait* est insonore devant une consonne : C'est un *fait* certain ; je vais vous mettre au *fait* de toute cette intrigue ; mais on prononce cette lettre finale devant une voyelle, devant un repos, si court qu'il soit, ou à la fin d'une phrase : C'est un *fait* inouï. C'est ton avis ; au *fait*, tu peux avoir raison. Allez au *fait !* Un mot du *fait !* (RACINE.)

La ville d'*Aix* se prononce comme *silex*.

EXERCICE SUR L'*E* OUVERT.

Comme les coups de fouet, j'évite les procès,
Car on voit, pour la paix, tout mon respect paraître.
L'usage est qu'au palais, si quelque bien doit naître,
C'est pour maître Renard : à lui tous les succès !

E moyen.

On appelle cet *e* moyen, parce qu'il tient le milieu entre l'*é* ouvert et l'*é* fermé ; par exemple le mot *centimètre* offre un son intermédiaire entre *bête* et *péché*.

Le son de l'*e* moyen se trouve dans la prononciation alphabétique des consonnes *f, t, m, n, r, s* et *z : bref, sel, système, sirène, colère, pièce, remède,* etc.

E est moyen :

1° Quand il est surmonté d'un accent grave devant une syllabe muette : *nègre,* je *mène, poème, poète, siège, piège, collège,* etc. (La dernière édition du Dictionnaire de l'Académie a définitivement consacré l'orthographe que nous donnons dans ces cinq derniers mots, comme dans ceux qui ont des finales analogues.)

2° Quand il est devant deux ou trois consonnes : *merci, messe, nouvelle, permettre, ancienne, Ravenne, toilette,* un *serf,* des *serfs, Brest,* l'*est,* l'*ouest,* du *lest, reps, peste,* nous *guettons,* etc., excepté *est* du verbe *être,* qui a le son d'un *é* ouvert.

Remarque. — Les mots *cerf* et *nerf* ont la consonne *f* sonore au singulier : l'argent est le *nerf* de la guerre ; il demeure à l'hôtel du Grand-*Cerf,* etc.; mais cette consonne est nulle dans *cerf*-volant, *nerf* de bœuf et au pluriel : les *cerfs,* les *nerfs :*

Le cri strident du geai m'agace moins les nerfs
Que la voix d'un braillard qui massacre les vers.

3° Dans les terminaisons *ec, ef, el, e, em, en, ex*: *échec,* *avec* (ne prononcez jamais *avé*, comme le recommande Littré), *bref, chef, miel, harem, spécimen, silex,* etc. Le pluriel *échecs* se prononce comme le singulier quand il signifie *revers;* mais employé comme terme de jeu, il a le *c* nul et le son de l'*é* ouvert :

Par des *échecs* sans nombre au terme tu marchais.
Et ton destin semblait se jouer aux *échecs.*

La consonne *f* est également insonore dans le mot *chef-d'œuvre,* où le son de l'*e* est moyen ; cette prononciation est confirmée par l'enseignement que l'on donne au Conservatoire.

On supprime aussi le son de la consonne finale dans *clef,* qu'on écrit souvent *clé,* en donnant à ce mot la prononciation d'un *é* fermé.

Pour le mot *examen* et autres terminés de la même manière qui font exception, voyez la nasale *in.*

Les deux mots *Moët* (où le *t* est sonore) et *Noël* ont également l'*e* moyen.

Les noms propres *Metz* et *Retz* se prononcent *Messe, Resse.*

4° Les voyelles *ai* et *ei* ont le son de l'*e* moyen devant une syllabe muette : *paire, faiblement, aigle, malaise, caisse,* j'*aime, semaine, aile, neige, enseigne, bouteille,* la *Seine, aurai-*je, *parfaite,* j'*aide,* etc.; de même les syllabes *air, aigre,* au milieu ou à la fin des

mots : *éclair, éclaircir, vinaigre, aigreur*, etc., et *ais*
ou *aiss* dans le corps des mots devant une voyelle :
*raisin, liaison, déplaisant, raisonnable, connaisseur,
épaissir*, etc.

Les noms propres *Montaigne* et Philippe de *Champaigne* se prononcent *Montagne, Champagne*. Cependant quelques professeurs veulent qu'on prononce encore *Montègne, Champègne*.

On peut comparer l'*é* ouvert et l'*e* moyen dans les phrases suivantes :

E OUVERT.	*E* MOYEN.
Ce mouton *bêle;* il *n'est* pas à la *fête.*	Cette *belle dentelle* a été vite *faite.*
Mon *maître* a mal à la *tête.*	Veuillez *mettre* là votre *mètre.*
Ils n'ont de *respect* que pour le *succès.*	Je *respecte* ceux qu'on *délaisse.*
On a *fait disparaître* sa *plaie.*	*Restez* jusqu'à la *saison nouvelle.*

EXERCICE SUR L'*E* MOYEN.

Dire que notre langue est sans nerf, incomplète,
Faire éclater contre elle un sentiment amer,
C'est montrer d'un grand fou l'impuissance secrète
Et, pareil à Xercès, vouloir fouetter la mer.

E fermé.

Cette voyelle se prononce plus rapidement et la bouche moins ouverte que dans la leçon précédente.

E est fermé :

1º Quand il est surmonté d'un accent aigu, pourvu que ce ne soit pas devant une syllabe muette : *dégénéré*, *désir* (et non *desir*, comme l'indiquent de vieux traités), *Protée*, *Antée*, etc.

2º Dans les noms et les adjectifs terminés en *er*, *ier* : *danger*, *régulier*, *fermier*, etc.; de même dans les noms propres *Alger* et *Tanger*; excepté les mots suivants dans lesquels l'*e* est moyen et l'*r* sonore : *amer*, *hier*, *hiver*, *mer*, *ver*, *éther*, *cancer*, *cher*, *fer*, *ter*, *cuiller*, *enfer*, *fier* (adjectif), de même que les mots étrangers : *thaler*, *revolver*, *Lavater*, *stathouder*, *Lucifer*, *Omer*, *Abner*, etc ; on prononce de même : *j'acquiers*, tu *conquiers*, il *requiert*, *clerc*, *Thiers*, le *tiers*, *Wurtemberg* et *Kœnigsberg* (*Vurtinbère*, *Kénigsbère*).

Le mot *volontiers* a le son de l'*é* fermé, comme dans *fermier*.

3º Dans les terminaisons *er*, *ier*, des verbes de la première conjugaison : *prier, parler,* se *fier*, etc. Dans la conversation familière, on ne fait pas la liaison de cette consonne finale avec la voyelle du mot suivant : Voulez-vous *déjeuner* avec moi ? Je ne veux pas *aller* à Rome ; il ne fait qu'*entrer* et sortir, etc.; mais l'*e* est moyen et l'*r* sonore dans les vers, pour éviter l'*hiatus* :

C'est pendant trop de temps nous *cacher* à sa vue.
(REGNARD.)

N'allez-vous pas aussi vous *promener* ensemble ?
(A. DE MUSSET.)

Pourrez-vous *pardonner* à l'ingrat voyageur?
(Émile AUGIER.)

On ne doit jamais manquer de faire cette liaison dans la prose élégante, dans le style historique, dans les sujets philosophiques, comme dans cette phrase de Pascal : Le divertissement nous amuse et nous fait *arriver* insensiblement à la mort. (Pour les autres cas, voyez les règles des liaisons.)

4° *E* est également fermé dans les terminaisons *ez*, *ied ieds* : *assez*, le *pied*, je m'*assieds*, etc., excepté dans les noms propres étrangers, où l'on fait entendre le *z* et où l'*e* est moyen : *Suez*, *Velasquez*, *Fez*, *Cortez*, etc.; prononcez de même *Rhodez* et *Saint-Tropez*.

5° *Œ* se prononce comme un *é* fermé : *Œdipe*, *Œta*, *œcuménique*, *œsophage*, *fœtus*, *Mœris*, etc.

REMARQUE. — On fait sonner chaque voyelle dans les diphtongues *aé*, *oë* : *aérien*, *Danaé*, *Phaéton*, *Noé*, *Crusoë*, les îles *Féroë*, etc., excepté dans Daniel de *Foë* et dans Edgard *Poë*, où l'*o* est grave et l'*ë* final insonore.

4

6º *Ai* prend le son de l'*é* fermé dans les finales des verbes et dans le corps des mots devant les terminaisons *er*, *ez* : j'*ai*, je *viendrai*, *aimer*, vous *aidez*, etc. Dans les autres cas, cette syllabe initiale doit se prononcer, comme on le fait au Théâtre-Français, avec le son d'un *è* moyen : *aimons*, *aidant*, *aiguillon*, etc.

Mais on ne trompe pas l'œil d'une femme *aimante*.

(Émile AUGIER.)

EXERCICE SUR L'*E* FERMÉ.

En voyant Crusoé plein d'espoir se fier,
Sans se lasser jamais, au travail qui fait vivre,
Chaque enfant, en pensée, est tout fier de le suivre
Et de trouver en lui son ami familier.

E nul (élision), E muet, EU bref et EU long.

E est nul, c'est-à-dire élidé :

1º A la fin des syllabes muettes et dans le corps des mots : *facile, facilement, fausse, fausseté, bulletin, souverainement*, etc.

2º Après une autre syllabe muette : je le sais ; il te le donne ; ce chemin est étroit ; le petit garçon, etc.

S'il y a trois, quatre, cinq ou six syllabes muettes, on élide la *seconde,* la *quatrième* et la *sixième :* je ne le crois pas; ne *le* redoutez jamais; je ne te le prête pas; ne *me* le redites pas; garde bien *le* souvenir de *ce* que je te redis, comme de *ce* que je te recommande (prononcez : *de c' que j' te r' commande*).

3° Après un son *plein,* c'est-à-dire une syllabe non muette : bain *de* mer; j'ai fait mon devoir; passez-moi *ce* livre; j'en ai besoin; il faut *se* presser; on me doit *de* l'argent; j'y vais tout *de* suite, etc.

Exceptions. — *E* muet se prononce fortement, c'est-à-dire avec le son d'*eu* bref :

1° Après une syllabe muette terminant un mot : la ville *de* Paris; j'appelle *le* garçon; une *petite* fille; je parle *de* cette aventure parce que l'on m'en a parlé, etc.

Remarque. — Les finales *ée, ie, oue, ue,* ne sont pas considérées comme des syllabes muettes, mais comme des sons pleins après lesquels on doit faire l'élision : le *Prométhée de* la fable; la vie *de* Molière; la rue *de* la Paix; la roue *de* la Fortune, etc.

2° Après toute consonne finale accentuée, telle que les voyelles suivies de *c, f, l, m, n, q, r, rd, rs, rt, s, x, z : avec* le bras; la *nef de* l'église; *Paul se* couche; le *Requiem de* Mozart; un *spécimen de* son talent; le *coq de* mon clocher; le *fer de* la Suède; l'*art de* la peinture; ce *bavard me* déplaît; il *me* répondra; les *oasis de* l'Afrique; *Suez me* charme, etc.

3° Au milieu des mots où *c, d, f, l, r, s, t, x* se ren-

contrent avec une autre consonne : *exactement, lourde-*
ment, souffleter, faiblement, obtenir, parvenu, pauvre-
ment, chasteté, etc.

On prononce de même les mots *atelier, batelier, chan-*
delier, chapelier, chancelier, chamelier, coutelier, rate-
lier, sommelier, aqueduc, Charlemagne, Charles-Quint,
Sixte-Quint.

4° Après un impératif, le pronom *le* est fortement
prononcé, de même que les monosyllabes où se trouve
un *e* muet au commencement des phrases : Regardons-
le; apportez-*le; que* fait-il? *me* parlez-vous? *ne* dites
rien, etc.

REMARQUES. — Dans la poésie élevée, on accentue
plus fortement que dans la prose les syllabes muettes,
pour que la mesure du vers soit complète et pour
donner aux paroles plus de solennité : ainsi on pèsera
plus qu'on ne le ferait dans la conversation sur l'*e* muet
et les syllabes muettes des vers suivants :

> Et tu meurs, lui dit-il, et moi je vais régner.
>
> (RACINE.)

> Tous trois me sont encor des personnes bien chères.
>
> (CORNEILLE.)

> Tout est nuit et silence, et le pâtre égaré
> Ne marche qu'en tremblant sous l'ombrage sacré.
>
> (A. DE MUSSET.)

Dans les entretiens familiers on élide assez souvent
l'*r* des mots *quatre, votre, pauvre,* etc., comme dans
ces phrases : Il me doit *quatre* francs; avec *votre* per-

mission ; mais ces licences ne sauraient se tolérer dans un sujet sérieux. Du reste, les gens qui ont l'habitude de bien parler font légèrement sonner cette lettre dans des phrases telles que celle-ci : Pour *combattre* l'ennemi, il faut *connaître* les forces dont il dispose, sous peine d'*être* battu.

Quand un son plein précède deux ou trois syllabes muettes, on peut élider la première ou la seconde ; ainsi on prononcera à volonté : il ne veut pas *me l'dire* ou il ne veut pas *m'le* dire ; il faut que *j'le* fasse ou il faut qu'*je l'*fasse ; voyez ce *p'tit* homme ou voyez *c'petit* homme.

Eu bref. — *Eu* est bref, c'est-à-dire qu'il a le son de l'*e* muet bien accentué, quand il est suivi des consonnes *f, g, l, n, p, r, v : veuf, aveugle, seul, jeune, peuple, sieur, beurre, fleuve,* etc., excepté dans le mot *gageure,* qui se prononce *gajure*.

On donne également le son de l'*eu* bref aux substantifs *œuf, bœuf, œil, œillade, œillet, œillette, œillère, cœur* et *mœurs*. On remarquera que la lettre *s* se fait entendre dans ce dernier nom, même quand il rime avec un autre mot où cette consonne est nulle :

C'est l'heure de calmer d'orageuses rumeurs,
D'épurer le langage et de polir les mœurs.
(Ponsard.)

Eu long. — *Eu* est long et se prononce un peu plus de la gorge que le précédent quand il est à la fin des

4.

mots ou devant les lettres *e, s, t, x* : *Dieu, vœu, lieue, queue,* les verres *bleus, neutre, calfeutrer, glorieuse,* les *yeux,* etc.; de même dans les mots *monsieur* et *messieurs,* où l'*r* est insonore; mais cette syllabe est brève dans l'adverbe *peut-être.*

Eu est également long dans *jeûne, jeûner;* mais dans le verbe *avoir* il se prononce *u* : il *eut,* nous *eûmes,* vous *eûtes,* ils *eurent.*

On donne le son d'*eu* long avec l'*f* insonore au nombre *neuf* devant une consonne : *neuf* personnes ; de même aux pluriels les *bœufs,* les *œufs,* et dans la promenade du *bœuf* gras.

EXERCICE SUR *E* NUL, *E* MUET, *EU* BREF ET *EU* LONG.

Crois-le : garde un secret lorsqu'on te le confie;
Songe qu'un mot fâcheux peut produire un malheur.
Celui qui t'a livré tout l'espoir de sa vie
Ne s'est-il pas fié fermement à ton cœur ?

AUTRE EXERCICE SUR LE MÊME SUJET.

Parmentier, l'introducteur de la pomme de terre en France, n'est arrivé que très difficilement à se faire écouter. On ne voulait pas l'entendre, et l'on se moquait de lui; mais il eut de la persévérance et triompha de la résistance de la routine. Je ne le sais que trop : l'histoire du progrès n'est que le martyrologe de nos grands inventeurs. Les propagateurs de la science ont presque toujours trouvé pour prix de leurs efforts l'indifférence, le dédain et la pauvreté.

I et Y, et leurs consonnes finales.

Ces deux lettres, qui ont le même son, se prononcent, dit Molière, en rapprochant les mâchoires et en écartant les coins de la bouche : *finir, tilbury, hypocrite, pseudonyme*, etc.

La prononciation des consonnes finales qui suivent cette voyelle est assez variable. Voici les règles et les exceptions qui les concernent :

C. On prononce, en leur donnant leur son nasal, *c, ch, ck* et *ct* après un *i*, à la fin des mots : *aspic, basilic, arsenic, Munich, Zurich* (prononcez *Zuric, Munic*), *brick, strict*, etc., excepté le mot *cric*, où le *c* est insonore.

D. La consonne *d* se prononce dans la finale *id* des noms étrangers : le *Cid, David, Valladolid*, etc., excepté dans *Madrid* (voir les liaisons dans les noms propres); cette consonne est également nulle dans *nid* et dans *muid*.

L. La consonne *l* conserve sa prononciation normale

dans les mots terminés en *il* : *cil, fil, civil, exil*, l'an *mil, puéril*, le *Mesnil* (prononcez *Ménil*), etc.; on prononce de même *avril* et *péril*, où cette finale se mouillait encore il y a quelques années.

Il· faut excepter de cette règle les mots suivants, dont la dernière consonne est insonore : *baril, chenil, outil, fenil, fusil, gentil* (voir *l* dans les liaisons), *outil, persil, nombril* et *sourcil*.

Le mot *fils* (garçon) se prononce *fisse* et non *fi*, même devant une consonne :

> La vengeance! voilà, quand ce héros expire,
> A travers les périls ce que son fils désire.

Pour quelques autres mots terminés en *il* et qu'on prononce autrement, voyez *l* mouillé.

S. Dans la finale *is*, cette dernière consonne est généralement insonore : *dervis, pilotis*, du pain *bis*, depuis que, *tandis* que, la ville de *Padis, coloris*, etc., excepté dans le mots latins ou étrangers : *lapis, gratis, bis* (deux fois), *tamaris*, une *vis, jadis, maïs* (prononcez *ma-isse*), *Páris* (nom d'homme), *oasis, cassis, ibis, iris, métis, volubilis, myosotis, lis* (substantif), *Amadis, Médicis, Tétis*, la *Lys* (rivière), etc.; de même dans *Clovis, Genlis* et *Senlis*.

Bien qu'on prononce la consonne *s* dans le substantif *lis*, elle est insonore dans *fleur-de-lis*.

Les consonnes *st* sont nulles dans *Jésus-Christ*, mais on les fait sonner dans le *Christ*, l'*Antéchrist*.

T. La consonne *t* est généralement insonore dans la terminaison *it* : *acabit, débit, ci-gît*, etc., excepté dans les mots latins ou étrangers : *accessit, déficit, prurit, aconit, prétérit, rit, zénith, Judith*, etc.; de même dans *gratuit* et *subit* : un cours *gratuit*, un événement *subit*.

X. L'*x* est nul dans *prix, perdrix* et *crucifix*, mais on le fait sonner dans *phénix, préfix, onyx, Félix, Styx, Ambiorix* et *Vercingétorix*. Les mots *six, dix, Béatrix* et *Cadix* se prononcent comme *gratis*.

Z. Le *z* est nul dans *riz*.

La finale *ie* doit s'accentuer de manière qu'on entende légèrement l'*e* muet, dans le style déclamatoire et surtout dans les vers :

Je ne m'en suis vengé qu'en te donnant la vie.
(CORNEILLE.)

On donne le son de l'*i* aux noms anglais *Shakespeare, Lear, Kean*, qu'on prononce *Chec-spire, Lire* et *Kine*.

EXERCICE SUR I ET Y.

Quand Pluton, irrité contre sa Proserpine,
Faisait frémir l'Érèbe en fronçant le sourcil,
Chacun songeait à fuir, et vite, on le devine,
Cerbère le subtil rentrait dans son chenil.

O grave.

On doit prononcer l'*o* grave d'une manière un peu gutturale; l'accent tonique se place sur cette voyelle comme sur l'*a* grave et sur l'*è* ouvert.

O est grave :

1° Quand il est surmonté d'un accent circonflexe : *trône, prône, Vendôme,* le *nôtre,* le *vôtre,* le *Rhône,* la *Saône* (prononcez *Sône*), *tôle, enrôler,* etc.

2° Quand il est à la fin des mots : *bravo, écho, Sancho* (proncez *éco, Sansho*), *duo, indigo,* etc.

3° Dans les noms propres terminés en *od,* où le *d* est nul : *Girod, Gounod, Monod,* etc.

4° Dans les terminaisons *oh, op, ot : oh! sirop, galop, lot, mot, abricot, trot, sot,* etc., excepté dans le mot *dot,* où l'*o* est bref et où l'on fait sonner le *t :*

> La dot à la beauté prête bien des appas,
> Et la fille sans dot ne se marira pas.
> (PONSARD.)

Quand l'adjectif *sot* se trouve devant une voyelle, il se prononce comme *dot :* quel *sot* écrivailleur ! De même dans *mot à mot* et dans *Lot-et-Garonne.*

5o Dans les mots terminés en *os* et dans leurs dérivés : *gros, grosse, grossir, grossier ; dos, dossier, adosser, endosser ; repos, reposoir ; dispos, disposition,* etc. Le substantif *os* se prononce de même au pluriel :

C'est la chair de ma chair et les os de mes os ;

mais au singulier, il a l'*o* bref et l'*s* sonore :

Car il faut au logis que chacun d'eux revienne
Avec un os demi-rongé.
(Auguste BARBIER.)

Les dérivés de ce mot ont l'*o* bref : *osseux, ossifier, ossification.*

Les mots étrangers qui ont cette finale ont l'*o* grave et l'*s* sonore : *Argos, albinos, Paros, Burgos,* etc.

6o Dans le corps des mots où *os* est devant une voyelle : *rose, Hermosa, morosité, supposer,* etc.

7o Dans les noms où il est suivi de la terminaison *tion : émotion, dévotion, commotion,* etc.

8o On donne aussi le son de l'*o* grave à la syllabe *au : beau, chaud, assaut, aube, sauce, gaucher, hausser, gaufre, épaule, jaunir, faute, empaumer, maraudeur,* etc., excepté dans le nom propre *Paul,* qui a le son de l'*o* bref, de même que dans les mots où cette syllabe est suivie d'un *r : Laure, Isaure, centaure,*

Saint-Maur, laurier, auréole, restaurant, j'aurai, auriculaire, etc.

La souffrance est crédule, et de nos jours encore
Elle irait consulter l'oracle d'Épidaure.

EXERCICE SUR L'*O* GRAVE.

Trop gais apôtres
De nos caveaux,
C'est vers vous autres,
Maigres ou gros,
Que le Temps fauche,
A droite, à gauche,
A tout propos,
Et qu'il chevauche
Sans nul repos.

———————

O bref.

O est bref et se prononce sans effort, du bout des lèvres :

1º Au commencement des mots, pourvu qu'il ne soit pas suivi d'un *s* devant une voyelle ni marqué d'un accent circonflexe : *orange, opportun, omnipotent, hostile,* etc.

2º Au milieu des mots, quand il n'est pas dans un des cas de la leçon précédente : *galoper, trotter, abricotier, notre, votre, sobre, octobre, mode, robe, calomnie, automnale, bonhomme, bonheur, lotir, poste, pomme,* etc., excepté dans *Hanovre,* où l'o est grave, de même que dans le mot anglais *toast,* que beaucoup de personnes prononcent *toste,* avec le son de l'o bref.

3º Dans les terminaisons *oc, och, oq : bloc, Roch, Maroc, coq,* etc., excepté dans les cinq mots suivants, où l'o est grave et le *c* insonore : *accroc, broc, croc, escroc, raccroc ;* mais les dérivés ont l'o bref : *crochet, accrocher, escroquer,* etc.

4º Dans les désinences *oce, osse : atroce, brosse noce,* etc., excepté dans *fosse,* où l'o est grave, de même que dans *fossé, fossoyeur.*

5º Dans les mots suivants ou dans leurs dérivés : *Rome, Romain, anémone, carbone, carbonique, lazzarone, madone, monotone, Bellone, Castiglione, Crotone, Crémone, Gorgone, OEnone, Érigone, Hermione, Latone, Pomone, Pétrone, Vérone, Savone.*

Par exception, l'o est grave dans les mots suivants et dans leurs dérivés, à cause de leur origine grecque : *arome, atome, axiome, chrome, polychrome* (où le *ch* a le son du *k*), *gnome, hippodrome, idiome, Sodome, tome, amazone, Babylone, Hippone, zone, polygone, aromatisé, idiomatique, Babylonien,* etc.

6º Dans les finales suivantes, où les consonnes qui suivent l'r sont nulles : *or, orc, ord, orps, ors, ort :*

essor, *abord*, du *porc* frais, *corps*, *alors*, *effort*, etc.
(Voir les règles des liaisons.)

Les poètes font quelquefois rimer un *o* bref avec un
o grave :

> Dans la brise soufflant de la Grèce ou de Rome,
> Je n'ai point respiré de poétique arome.
>
> (Hégésippe MOREAU.)

C'est une licence qu'on ferait bien d'éviter, surtout
dans les vers destinés à la musique.

DIFFÉRENCE ENTRE L'*O* GRAVE ET L'*O* BREF.

O GRAVE.	*O* BREF.
Le bateau est près du *môle*.	J'aime peu les natures *molles*.
Mon cœur *saute* de joie. (RÉGNIER.)	Je me moque des *sottes* gens.
Nous marchons *côte* à *côte*.	Regardez cette *cotte* de mailles.

EXERCICE SUR L'*O* BREF.

> La vie est une poste à trois relais : d'abord
> Pour le nom qu'on nous donne on nous met en carrosse,
> Puis notre second train nous porte à notre noce,
> Et le troisième, hélas ! est celui de la mort.

AUTRE EXERCICE SUR L'*O* GRAVE ET L'*O* BREF COMPARÉS.

Les proverbes de Sancho sont fort drôles. Cet écuyer de Don Quichotte avait le teint rose et le corps gros comme une tonne. Il disait souvent : « Un fossoyeur en vie vaut mieux qu'un monarque dans la fosse. Dans la loterie de ce monde, la santé est le meilleur lot. Beauté sans dot, avocat sans dossier, soldat sans drapeau. Que m'importe un manchot, si je hausse mes deux bras sans effort? » Pendant que Sancho débitait sa prose macaronique tout en trottant sur son Aliboron, Don Quichotte entonnait une romance de sa composition en l'honneur de sa Dulcinée de Toboso, et Rossinante, qui galopait tous les trente-deux d'octobre, continuait son trot monotone.

OU et ses consonnes finales.

Ou se prononce d'une manière légèrement gutturale et sans effort : *ouvrir, acajou, mousse,* etc.

Les consonnes *b, bs, d, s, t, x,* sont insonores dans les finales *oub, oubs, oud, ous, out, oux : radoub,*

Doubs, Saint-Cloud, dissous, il *moud, bout, roux,* etc. excepté dans *burnous,* à cause de son origine arabe *bornos,* et dans le *hnout, raout, vermouth.*

REMARQUE sur le mot *tous.* — Quand ce mot est suivi d'un nom qu'il détermine, la consonne *s* ne se prononce pas : Il sort *tous* les matins et *tous* les soirs ; mais quand il est à la fin d'une proposition ou qu'il n'est pas suivi d'un substantif, on fait entendre cette finale, que l'on prononce *tousse :* Ils ne mouraient pas *tous.* (LA FONTAINE.) Ils sont *tous* de la même famille. (BEAUMARCHAIS.) Nous sommes *tous* mortels ; *tous* viendront ici, etc.

Le mois d'*août* se prononce *oû ;* mais, en poésie, on le fait quelquefois de deux syllabes :

C'était le sept août. O sombre destinée !
C'était le premier jour de leur dernière année.
(V. HUGO.)

Les consonnes *c, g, l* sont sensibles dans les mots *bouc, joug, Toul :* faire passer les vaincus sous le *joug.* Quelques professeurs veulent que l'on supprime le son du *g* de ce dernier mot devant une autre consonne ; nous croyons qu'il est préférable de le faire entendre, comme par exemple dans ce vers de Boileau :

Au joug de la raison asservissant la rime.

Dans les mots *soûl, pouls* et *caoutchouc,* les consonnes *l, ls* et *c* ne se prononcent pas, même devant une voyelle : Quand j'ai bien bu et bien mangé, je veux que tout le monde soit *soûl* dans ma maison. (MOLIÈRE.) — Voilà du *caoutchouc* indien. — Votre *pouls* est très agité, etc. Cependant on fait la liaison de l's de ce dernier nom dans le style soutenu, et surtout en poésie :

> Il fut à peine admis au rang des médecins,
> Qu'il se mit à tâter le pouls à ses voisins.

Les consonnes *d, g, p, s* sont insonores dans les terminaisons *ourd, ourg, oup, ours : sourd, bourg, loup, cours,* etc.; mais on fait entendre l's et le *p* dans *ours* et dans *croup* :

> L'ours venant là-dessus, on crut qu'il s'allait plaindre.
> (LA FONTAINE.)

> Le croup, monstre hideux, épervier des ténèbres.
> (V. HUGO.)

On doit faire sonner les deux *o* dans le corps des mots : *alcool, alcoolique, zoologie, zoophyte, épizootie* (où le *t* est dur), *Laocoon, coordonner, coopérer,* etc., excepté dans les noms anglais, qui se prononcent *ou : Moore, Cook,* etc., et à la fin des noms flamands, qui ont le son d'un *o* grave : *Vanloo, Waterloo,* etc.

5.

Les deux mots *simoun* (vent du désert) et *Aroun* se prononcent *simoune, Aroune.*

EXERCICE SUR *OU.*

Voyageur comme Cook, comme Moore poète,
Chassant l'ours, poursuivant le loup, le grand Dumas
Sous le joug du travail courbait souvent la tête,
Et pour nous charmer tous bravait tous les climats.

La voyelle U et les consonnes finales.

On la prononce, dit Molière, en approchant les deux lèvres l'une de l'autre sans les joindre tout à fait.

S. La consonne *s* est généralement insonore dans les mots terminés en *us : abus, jus, Jésus,* le *surplus,* etc., excepté dans les mots latins ou étrangers : *omnibus, virus, obus, rébus, blocus, prospectus, morbus, us, typhus, mordicus, Janus, Romulus, Morus,* etc.

L's se prononce également dans *sus, susdit, susdésigné,* et dans le corps des mots où *us* est devant un *t : combustion, ustensiles,* etc.

Les noms propres *Pirithoüs, Antinoüs, Archéloüs,*

Ésaü et *Saül* se prononcent *l'iritho-usse, Antino-usse, Arkélo-usse, Ésa-u* et *Sa-ul.*

Remarque sur le mot *plus.* — En général, la consonne *s* est insonore à la fin de ce mot :

Il ne m'en restait *plus* que cinq ou six petits.

(Racine.)

Plus vous serez poli, *plus* vous serez aimé.

Pouvez-vous me donner quelque chose de *plus?*

Mais cette consonne doit se faire entendre avec le son du *z* devant une voyelle : il est de *plus* en *plus* aimable, et avec le son de la finale *uce* quand ce mot signifie *en outre,* sans être précédé de la préposition *de :* A *plus* B. Il a payé la somme qu'il devait, *plus* les frais du procès. *Plus,* dudit jour, une potion anodine. (Molière.)

De même dans les phrases affirmatives devant la conjonction *que,* quand il signifie *davantage : plus-que-parfait, plus que jamais.*

Plus que brave soldat, *plus* que grand capitaine.

(Corneille.)

J'ai reçu de Dieu *plus* qu'ils ne peuvent donner.

(V. Hugo.)

Vous devez en souffrir *plus* qu'un autre sans doute.

(Émile Augier.)

T. La consonne *t* est généralement insonore dans

les mots terminés en *ut* : *salut, rebut, tribut, insti-tut*, etc., excepté dans *brut, chut ! occiput, préciput, sinciput, rut, ut, luth, bismuth, Ruth, Belzébuth*.

Le mot *but* (substantif) se prononce *bu* devant une consonne.

Le *but* que je poursuis ne se peut-il atteindre ?

Mais le *t* de ce mot est sensible devant une voyelle ou à la fin d'une proposition : le *but* est loin d'ici ; chacun voulait toucher le *but*.

X. La consonne *x* est insonore dans *flux, reflux, influx* ; mais on la fait sonner dans *Pollux*.

Quand *i*, *u* et *ou* sont surmontés d'un accent grave ou circonflexe, ils gardent les sons que nous avons indiqués, mais avec un peu plus de force : *il* est dans une *île* ; j'ai *du* chagrin, vous avez *dû* le voir ; j'irai, *ou* vous irez ; j'irai *où* vous irez. On remarquera pourtant que les finales *imes, îtes, ît, ûmes, ûtes, ût*, ont un son bref dans les verbes : nous *suivîmes*, vous *suivîtes*, qu'il *suivît* ; nous *fûmes*, vous *fûtes*, qu'il *fût*.

EXERCICE SUR LA VOYELLE *U*.

Quand sous Lycurgue, à Sparte, un ilote avait bu
Plus que le vieux Silène et faisait la culbute,
C'est parce qu'on avait changé cet homme en brute,
Pour qu'à son fils tout père eût à dire : Vois-tu ?
C'est en voyant tomber qu'on évite une chute.

LES DIPHTONGUES.

La diphtongue est la combinaison de deux voyelles qui font entendre un double son. Ainsi le mot *fruit* est une diphtongue, parce que, pour le prononcer, on fait entendre d'une seule émission de voix les deux voyelles *u* et *i*.

Voici les cas particuliers où ces combinaisons de voyelles se prononcent diversement :

1° *Ai* ou *ay*. — Cette syllabe garde le son d'un *é* quand elle est devant une voyelle dans le corps des mots : *payer, effrayer, métayer, layette, ayant, rayon, sayon,* etc., mais on lui donne celui d'un *a* dans les mots : *Bayard, Bayonne, baïonnette, Bayeux, bayadère, faïence, Lafayette, Mayence, Mayenne, Mayeux, mayonnaise.*

Les mots *abbaye, pays, paysage, paysagiste* et *paysan* se prononcent *abé-i, pé-i, pé-isage, pé-isagiste* et *pé-isan.*

On prononce comme le cri de douleur *aie!* les quatre mots suivants : *Andaye, Biscaye, Blaye* et *cipaye.*

2° *Gu.* — Les mots où l'on trouve *gu* devant une voyelle ne font généralement pas entendre la lettre *u* : *guitare, guérite, briguer,* nous *narguons, anguille, guise* (fantaisie), *guinguette*, *Guelfe*, *Guillaume*, *Guy*, il *fatigua*, etc.

Mais la diphtongue a lieu, c'est-à-dire qu'on prononce l'*u* et la voyelle suivante, dans *arguer*, *aiguille*, *aiguillon*, *aiguillonner*, *aiguiser*, *linguiste*, *inextinguible*, *Guise* (nom propre), *Guyon*, *Guyane* et *Guyenne*.

Le nom de l'historien *Guizot* se prononce *Gu-izot* à l'Académie française, bien que généralement on ne fasse pas sonner la voyelle *u* dans ce mot.

Les mots terminés en *igue* se prononcent *ig* : *brigue*, *intrigue*, *j'irrigue*, etc.; mais ceux qui ont la finale *guë*, tout en ayant l'*ë* insonore, gardent le son de l'*u*, ainsi que leurs dérivés : parole *ambiguë*, *ambiguité*, *ciguë*, *j'arguë*, une fièvre *aiguë*, nous *arguons*, etc., de même dans le nom propre anglais *Montague*, qui se prononce *Montaigu*.

Dans les noms espagnols, la voyelle *u* se prononce *ou* : *guano*, *alguazil*, *Guatemala*, etc.; prononcez de même *jaguar* et *lingual*.

3° *Qu.* — Les mots où l'on trouve *qu* devant une voyelle ont généralement l'*u* insonore : *quatre*, *s'enquérir*, *équerre*, *quolibet*, *inquiétude* (bien que l'*u* se prononce dans *quiétude*), *iniquité*, *obséquieux*, *quitte*, *quint*, *quinte*, *quotient* (prononcez *kossian*), *quotité*, *aqueux*, *taquiner*, *équipage*, *quêter*, *quiproquo*, *Tarquin*, *quidam (kidan)*, *quinquina*, etc.

Mais la diphtongue existe dans les mots suivants :

questeur, questure, quia, quiétisme, quiétiste, quiétude, quintuple, quintupler, Quintilien, Quinte-Curce, obliquité, ubiquité, équiangle, équilatéral, équestre, équitation. Ce dernier mot se prononce cependant *ékitation* dans la plupart des salons parisiens.

La voyelle *u* prend le son de la syllabe *ou* dans les mots suivants : *quadruple, quadrupler, quatuor, quadrupède, quadrumane, quadrature, quadrilatère, quadrige, aquarelle, aquarium, aqua-fortiste, équation, équateur, quadragénaire, quinquagésime, in-quarto* (prononcez *in* comme *vin*), *quartz (couartss), loquace* et *loquacité*.

EXERCICE SUR LES DIPHTONGUES.

Un quidam me disait : Mon intérêt s'aiguise
Quand un historien, bon linguiste, à sa guise
Sur les Guise ou Guillaume atteint l'iniquité,
Et semble quadruplé par son ubiquité.

L mouillé à la fin des mots et LL mouillés ordinaires.

La consonne *l* est mouillée, c'est-à-dire qu'elle a le son d'un *y* fortement accentué devant une voyelle :

1° Dans les terminaisons *ail, eil, euil, œil, ouil* : *travail, pareil, orgueil, coup-d'œil, fenouil,* etc. On prononce comme *travail* le mot *rail,* qu'on a francisé.

On remarquera que ces terminaisons ne peuvent rimer avec celles qui ont un *l* ordinaire, et qu'ainsi Alfred de Musset a écrit contrairement aux règles de la versification :

> Quand le berceau du monde en devint le *cercueil,*
> Quand l'ouragan du Nord sur les débris de Rome
> De sa sombre avalanche étendit le *linceul.*

2° Les *ll* qui se trouvent après *ai, ei, eui, i, œi, oui, ui,* sont également mouillés : *Versailles, Marseille, dérailler, déraillement, feuilleton, griller, juillet, œillade, veuillez, Neuilly, cuiller, cuillerée, patrouille, bille, tailleur, gentillesse,* etc.; prononcez de même *gentilhomme,* mais la consonne *l* est nulle dans *gentilshommes.*

Pour faire bien sentir le son des *ll* mouillés, on peut comparer les mots *billet, étriller*, avec *biais, étrier* : l'*i* des deux premiers est beaucoup plus accentué que celui des deux autres. Du reste, il n'y a plus que très peu de personnes qui prononcent, contrairement aux règles établies par l'usage : *bi-liet*, *étri-lier*, et il est regrettable que M. Littré ait donné des indications si étranges dans son grand *Dictionnaire de la langue française.*

Exceptions. — On ne mouille jamais les deux *ll* au commencement des mots, ni après un *y* : *illusion, illustre, sybille, idylle, syllabe,* etc.

De même dans les mots suivants et dans leurs dérivés : *ville, village, Villers, Séville, tranquille, tranquillité, osciller, oscillation, vaciller, distiller, distillateur, pupille, pupillaire, codicille, imbécillité, pusillanime, mille, millième, millier, million, millionnaire, milliard, Lille, Lillois, Calville, Gille, mabille, guérilla, Murillo, capillaire, maxillaire, vexillaire.*

L'Académie excepte également *scintiller, scintillation,* mais les poètes font quelquefois rimer *scintille* avec la finale *ille* mouillée, d'où il suit que, dans ce cas, ce verbe se prononce comme la rime correspondante.

3° Les mots suivants terminés en *il* ont également cette consonne mouillée, ainsi que leurs dérivés : *un babil* importun, *habiller, babillard* : ce *gril* est cassé, *griller, grillade, grésil, grésiller, mil* (graine), *millet.*

La Fontaine a donc fait rimer un *l* ordinaire avec un *l* mouillé dans les vers suivants :

> Je la crois fine, *dit-il*,
> Mais le moindre grain de *mil*
> Serait bien mieux mon affaire.

Il est probable qu'autrefois ce mot se prononçait comme *l'an mil;* quoi qu'il en soit, les rimes de cette espèce semblent bien insuffisantes, surtout dans les poèmes lyriques tels que les opéras, et même dans les chansons, où l'on doit toujours faire entendre deux sons identiques.

La consonne *l* ne se mouille jamais après un *u* ni quand on trouve *il* dans le corps des mots devant une voyelle : *Sully, milieu, poilu, bilieux, filial,* etc.

DIFFÉRENCE ENTRE LES *L* MOUILLÉS ET LES *L* ORDINAIRES.

LL MOUILLÉS.	*LL* ORDINAIRES.
Ne *raillons* pas l'infortune.	*Rallions* vite nos soldats.
On vient de nous *piller*.	Voilà un *pilier* solide.
Plutôt mourir que de se *souiller*.	Il est dans ses petits *sou-liers*.
La paresse a *rouillé* son esprit.	Ce *roulier* a de bons che-vaux.

La différence est la même pour la prononciation entre *fourmiller* et *fourmilier*, *fusiller* et *fusilier*, vous *fouillez* et vous *fouliez*, *sommeiller* et *sommelier*, etc.

EXERCICE SUR *L* MOUILLÉ ET *L* ORDINAIRE.

Accueillons sans orgueil la vieille et pauvre fille,
Que trop souvent l'on raille et qui vit sans famille :
Dans cette ville, hélas ! enfant au teint vermeil,
Mille indigents n'ont pas ton tranquille sommeil.

AUTRE EXERCICE SUR LE MÊME SUJET.

Un vieillard disait à sa petite-fille : « Je suis sur le seuil de la porte de l'éternité ; mais à la veille de mourir je suis tranquille, car ma conscience n'est souillée d'aucun méfait. Le travail a été ma meilleure consolation ; suis mon exemple, et retiens mes conseils : évite l'orgueil, et dans la bataille de la vie, songe que la paresse qui sommeille est pareille à la trahison qui ne recueille que le mépris. »

Ce vieillard avait raison. Le monde fourmille de gens auxquels on ne peut trop signaler les écueils, en leur recommandant de veiller sur les dangers qui ne cessent de les assaillir.

Les consonnes dans le corps des mots.

Les consonnes dans le corps des mots conservent leur son normal, excepté dans les cas que nous allons indiquer.

C. Le *c* a le son du *g* dans *second* et ses dérivés *seconder, secondaire,* etc.

Il en est de même dans le *czar,* la *czarine,* le *czarewitz* et le *zinc.*

Le mot *curaçao* se prononce *curasso.*

On donne à *ch* le son du *k* dans beaucoup de mots d'origine grecque ou hébraïque : *Bacchus, bacchante, Achaïe, chœur, chorus, choral, Achab, écho, Colchos, orchestre, Cham, archéologie, Chaldée, chronique, chronologie, anachorète, chronomètre, chiromancien, isochrone, catéchumène, lichen, chaos* (prononcez *likène, kao*), *ecchymose, malachite,* etc., excepté dans les mots qui commencent par *arch : Archimède, archiprêtre, archiduc, archifou, architecte, archevêque,* etc.

Remarquez pourtant que *ch* est dur dans *archange* et dans *archiépiscopal.* On prononce de même comme un *k* le *ch* du mot *trichine.*

Malgré leur origine grecque ou hébraïque, les mots suivants se prononcent avec le son de *ch* dans

Charles : alchimiste, *Achille*, bachique, *Mardoché*, *Achéron*, *Achéen*, *Colchide*, *Rachel*, *Chypre*, chérubin, *Chiron*, chimère, schisme, catéchisme, *Psyché*, *Valachie*, anarchie, monarchie, oligarchie, patriarche, *Eschyle*, *Eschine*; prononcez de même *pacha*, *chérif*, *Michel*, *Sancho* et *Don Quichotte*.

Les Italiens donnent à *ch* dans leurs noms propres le son du *k*; nous devons donc prononcer comme eux : *Machiavel*, *Michel-Ange*, *Chérubini*, *Civita-Vecchia*. Nous donnons cependant le son de *ch* doux aux dérivés *machiavélisme, machiavélique.*

Vermicelle et *violoncelle*, où le *c* avait autrefois le son de *ch* doux, se prononcent aujourd'hui comme ils s'écrivent.

G. On prononce *gl* comme un *l* simple dans les mots italiens tels que *Cagliari, imbroglio*, etc.

Dans le corps des mots, le *g* est dur devant un *m* : *dogme, flegme, flegmatique, bourgmestre*, etc.

Devant un *n*, cette même consonne est généralement douce : *campagne, Boulogne, Agnès, vigne, signal, répugnant, magnésie, dignité, incognito*, etc.; mais elle est dure dans *stagnant, stagnation, agnus, diagnostic, magnolia, magnat, igné, inexpugnable, magnificat* (où le *t* est sonore), et au commencement des mots tels que *Guide, gnome, gnostique.*

Le *g* est nul dans les trois mots *Regnard, signet* et *amygdale.*

G.

M. Cette consonne est nulle dans *automne*, de même que dans *damner, damnation, condamner, condamnation*.

N. Les verbes s'*enivrer*, s'*enorgueillir*, s'*enhardir*, *enharnacher* (voir *h* aspiré), ont le son de la nasale *an*.

P. Le *p* est insonore dans *Baptiste, anabaptiste, baptême, baptiser*.

Pour les mots *compte, dompter, exempte, exemption*, etc., voyez les nasales *on* et *an*.

On prononce *ph* comme *f*. Constatons à ce sujet que l'Académie s'est décidée tout récemment à supprimer dans les mots tirés du grec une des lettres étymologiques quand cette lettre ne se prononce pas : elle écrit donc *phtisie, rythme*, et non *phthisie, rhythme*.

R. La consonne *r* se prononce, dit Molière, en portant le bout de la langue jusqu'au haut du palais, de sorte qu'étant frôlée par l'air qui sort avec force, elle lui cède et revient toujours au même endroit, faisant une manière de tremblement.

> Entre le son charmant nommé vibration
> Et l'affreux grasseiment la différence est telle,
> Que l'un semble un accord fait sur un violon,
> Et que l'autre est plus dur que l'horrible crécelle.

S. La consonne *s* entre deux voyelles se prononce comme un *z* : *Asie, présage*, etc.; mais elle est dure dans les mots composés : *vraisemblable, présalé, parasol, préséance*, etc., et dans *Desaix, Lesueur, Lesage*.

Devant une voyelle dans le corps des mots, *trans* a le son du *z transiger, transitoire*, etc., mais il est dur dans *transir*.

Il est transi de peur, et vous transi de froid.

Après une autre consonne, *s* est généralement dur : *observer, absorber, absoudre*, etc.; mais il a le son d'un *z* dans *disgrâce, Alsace, Arsace* et *Jersey*.

Devant une consonne, dans les noms propres, *as, es, is* et *os* se prononcent ordinairement comme *â, ê, i, ô*, avec l's insonore : *Dombasle, Praslin, Asnières, Pasquier, Rouget de l'Isle, Isnard, Cosme* (o grave), *Estaires, Estrées, Du Guesclin, Dumesnil, Desbordes, Descartes, Duquesnois*, etc. On ne prononce pas non plus cette consonne dans *Duchesne, Duquesne, Avesnes*, où l'*e* a le son moyen ; mais elle est sensible dans *Montesquieu, Destutt, Montespan*, et dans les noms étrangers *Mesmer, mesmérisme, Desdémona, Isly*, etc.

L's se prononce également dans : bachelier *ès-lettres*.

Au commencement des mots, les consonnes *sc* devant un *c* et un *i* se prononcent comme un *s* simple : *sceptre, scinder, scélérat*, etc.

Les deux *ss* de *ress* au commencement des mots se prononcent comme dans le mot *reçu*, c'est-à-dire que l'*e* est sujet à l'élision : je *ressens*, tu *ressembles*, la *ressource*, etc. (prononcez : je *r'sens*, tu *r'sembles*, la *r'source*).

On élide de même l'*e* dans *là-dessus*, *là-dessous*, *au-dessus*, *au-dessous*, *sens dessus dessous* (sand-sud-sou).

T. La consonne *t* est dure dans la finale *tions* des verbes terminés en *ter* : nous *chantions*, nous *rations*, nous *portions*, etc., et dans les finales *tié*, *thie*, *rtie*, *stie* : *pitié*, *sympathie*, *ortie*, *hostie*, etc.; mais il prend le son d'un *s* dur dans les mots terminés en *tial*, *tiel*, *tieux*, et dans leurs dérivés : *partial*, *partialité*, *substantiel*, *ambitieux*, *ambitieusement*, etc., excepté dans *bestial*, *bestiaux*, où le *t* est dur.

On donne le son d'un *c* aux mots suivants : *argutie*, *aristocratie*, *autocratie*, *Béotie*, *calvitie*, la *Boétie*, *Dalmatie*, *démocratie*, *diplomatie*, *facétie*, *Helvétie*, *impéritie*, *ineptie*, *inertie*, *minutie*, *Nigritie*, *péripétie*, *primatie*, *prophétie*, *suprématie*, *théocratie*, *initier*, *balbutier*, *quotient*, *patience*, *satiété*; de même dans leurs dérivés : *initiative*, *balbutiement*, *impatienter*, *facétieux*, *Béotien*, etc.; mais le *t* est dur dans la désinence *tique* : *helvétique*, *prophétique*, etc.

Les mots terminés en *tien*, *tium*, *tius*, se prononcent avec le son d'un *c* : *Capétien*, *Gracien*, *Dioclétien*, *Titien*, *Vénitien*, *Actium*, *Latium*, *Helvétius*, *Tatius*, etc.; mais les suivants ont leur prononciation normale : *chrétien*, *entretien*, *soutien*, *maintien*, *Sébastien*.

Les substantifs terminés en *tion*, *tions* se prononcent

cion : *action, fiction,* les *portions,* les *rations,* etc.; il en est de même dans leurs dérivés : *actionnaire, action-ner,* etc.; mais les suivants, où cette terminaison est précédée de *s, x,* conservent le son du *t* : *gestion, congestion, suggestion, digestion, indigestion, question, mixtion, combustion, bastion.*

W. Le *w* a le son d'un *u* dans les mots anglais et flamands : *William, Walter* Scott, *tramway, Wavres,* de *Witt,* etc. ; dans les autres langues, il se prononce comme un *v* : *Weimar, Wolf, Norwège, Woronzoff,* etc. ; prononcé de même *wagon,* qu'on écrit aussi *vagon.*

Le nom propre *Wallon* se prononce *Vallon.*

X. Cette consonne se prononce *gz* au commencement des noms propres : *Xavier, Xénophon, Xantippe, Xercès,* etc., excepté dans *Xérès,* où elle a le son d'un *k,* et dans *Xaintrailles,* où l'*x* se prononce comme un *s* ; les noms communs *xylographe* et *xylophone* se prononcent *csi.*

Dans le corps des mots, l'*x* est généralement dur : *Alexis, Alexandre, Eudoxie,* etc., excepté dans *Bruxelles, Auxerre, Auxonne* et *soixante,* où on le prononce comme deux *s,* et dans *deuxième* et *dixième,* où il a son d'un *y.*

Devant une voyelle, *ex* se prononce comme *eg* suivi d'un *z* : *exorde, exécuter,* etc. ; mais cette syllabe est toujours dure devant une consonne : *exlase, externe, contexture,* etc.

Consonnes redoublées.

Le dictionnaire de l'Académie vient de consacrer une réforme assez sérieuse dans sa dernière édition : il a supprimé dans beaucoup de cas une des deux consonnes médiales qu'on ne prononce pas ; par exemple, il écrit avec un seul *n* le mot *assonance*. Malgré ces quelques changements, la plus grande partie de ces mots, où l'orthographe est en désaccord avec la prononciation, subsiste encore, pour le désespoir de nos écoliers, comme dans : *abbé, accueil, attraper, raffiner, abandonne, mollesse, affable*, etc.

Voici les cas principaux où l'on doit faire entendre ces deux consonnes, en mettant l'accent tonique sur leurs syllabes :

1º Dans les mots qui commencent par *ill, imm, inn, irr, syll : illusion, immuable, inné, irréfutable, syllepse*, etc., excepté dans *innocent, innocence, innocemment.*

2º Dans les mots qui commencent par *colla, colli, collo : collation, colliger, colloque*, etc., excepté dans *collier* et *colline.*

3º Dans les terminaisons *eller, iller, ellation, illation : flageller, oscillen, appellation, vacillation*, etc.

4º Les deux *r* sont généralement sonores au milieu

des mots : *horreur, torrent, terrible, interrègne,* etc. ; et dans les verbes de la deuxième conjugaison : je *courrai,* nous *mourrons,* ils *acquerraient,* etc.

5º On fait aussi sonner les consonnes redoublées dans les noms étrangers : *Cinna, pallium, Pyrrhus, Apollon, Marcellus,* etc.

EXERCICE SUR LES CONSONNES DANS LES MOTS.

Terrible, et sans chercher les détours captieux,
Fuyant l'obscur chaos d'une longue argutie,
Juvénal flagellait les sots prétentieux,
Ceux qu'à satiété secondait l'ineptie.

LA LETTRE *H* ASPIRÉE.

La lettre *h* muette est nulle pour la prononciation : l'*homme*, les *honneurs*, l'*humanité*, etc. Quand elle est aspirée, elle est considérée comme une consonne et empêche toujours l'élision de l'*e* muet, de même que la liaison avec la consonne précédente : le *hameau*, les *haillons*, vous *haranguez*, etc.

Il y a deux manières de prononcer l'*h* aspiré, l'une forte et l'autre faible.

On le prononce avec force et d'une manière un peu gutturale, pour exprimer un sentiment violent :

Je vous hais, je vous hais ! oui, je te hais dans l'âme !
(V. HUGO.)

Quoi ! tu n'es pas honteux de mentir, sacripant ?

Dans tous les autres cas, l'*h* aspiré ne doit provoquer aucun effort de la gorge, comme dans cette phrase : Le *hasard* seul ne fait pas les *héros*.

Voici les mots usuels qui ont l'*h* aspiré : *ha ! habler, hableur, hache, hacher, hachis, hachette, hagard, haie, La Haye, haillon, haine, haineux, haïr, haïssable, haire, haler, haleter, haletant, halle, hallebarde, hallier, halle, hamac, hameau, hanche, hangar, hanneton, hardi, har-*

diesse, hardiment, s'enhardir (évitez la liaison de l'n dans ce mot), *harceler, Hanse ;* mais l'h est muet dans le dérivé : les ligues *hanséatiques ; harangue, haranguer, haras, harasser, hardes, hareng, harangère, hargneux, haricot, haridelle, harem, harnais, harnacher, enharnacher* (même observation que pour *s'enhardir*), *haro, harpe, harpiste, harpie, harpon, harponner, hasard, hasardeux, hasarder, hart, hâte, hâter, hâtif, hauban, haubert, hausse-col, hausser, haut* et ses dérivés : *hauteur, hautain, hautesse, hautbois; hâve,* le *Havre, hâvresac.*

Hé ! hé bien ! hennir, hennissement, héraut; mais le dérivé *héraldique* a l'h muet; *hérisser, hérisson, héron, héros,* mais l'h est muet dans les dérivés l'*héroïsme,* l'*héroïne,* les temps *héroïques ; hernie, hêtre, herse, herser, heurt, heurter, hem ! hère, heaume.*

Hibou, le *hic* (le point difficile), *hideux, hideusement, hiérarchie, hiérarchique, hisser.*

Hobereau, hoche, hocher, hochet, hoche-queue, holà ! homard,. hongre, la *Hongrie, Hongrois,* la *Hollande Hollandais, honte, honteux; honteusement, honni, hoquet, hoqueton, horde, horion, hors, hotte, Hottentot, houblon, houblonnière, houe, houille, houle, houleux, houlette, houppe, houppelande, hourra, houri, housse, houssine, houx, hoyau.*

Huc, huée, huer, huche, huguenot, hune, hutte, huppe., huppé, les *Huns, hure, hurler, hurlement,* les *Hurons, hussard,* le *huis-clos,* bien que l'h soit muet dans *huissier.*

On n'aspire pas l'*h* dans le mot *hier :* il n'est pas né d'*hier* ni d'avant-*hier*. *Henri* et *Henriette*, s'aspirent dans le style élevé, de même que la *Henriade*, de Voltaire.

L'*h* est aspiré dans *huit* et ses dérivés : le *huitième*, la *huitaine*, excepté après un autre nombre : *dix-huit*, *vingt-huit*, etc.

On prononce comme un *h* aspiré la *ouate*, les *oui* et les *non*, le *yacht*, le *yatayan*, la *yole*, les *Yankees*, le *yucca*, les *uhlans ;* de même *onze :* sur les *onze* heures, la *onzième* page ; mais on fait la liaison du *t* devant ce nombre : *six et cinq font onze.*

Remarque. — Nous avons donné pour le mot *hennissement* la prononciation qu'on trouve dans tous les dictionnaires et qui est en usage dans la plupart des provinces. A Paris, on prononce hennir, hennissement, *hèn-nir, hènnissement* avec le son de l'*e* moyen et en faisant sentir le redoublement de la consonne *n*. C'est cette prononciation qui nous semble la meilleure. On en jugera en récitant ce vers de Béranger :

Hennis d'orgueil, ô mon coursier fidèle !

EXERCICE SUR L'*H* ASPIRÉ.

Vers onze heures du soir, le fils de Henri-Quatre
Entend un vieux hibou hurler hideusement,
Fait halte, et vers l'oiseau hargneux va hardiment,
Puis, sans crier holà ! se hâte de l'abattre.

LES NASALES.

Les nasales, ainsi nommées parce qu'on les prononce un peu par le nez, sont au nombre de quatre : *an, in, on, un.*

On prononce, en suivant une espèce de gamme ascendante : *un,* de la gorge et sans effort; *bon,* par la simple émission de la voix, en montant légèrement; *vin,* en allant plus haut que pour le mot précédent; *blanc,* en dirigeant la voix vers le cerveau.

Nasale AN. — On prononce comme *blanc* toutes les syllabes médiales où l'on trouve *am* et *an* devant une autre consonne, et tous les mots terminés en *an, anc, and, amp, ans, ant : champion, bande, turban, banc, grand, champ,* Le *Mans, enfant,* etc. Prononcez de même *Samson, Adam* et *quidam* (voir *A* bref).

Les consonnes finales *d* et *t* sont sonores dans les noms étrangers *Kant, Grant, Sand,* etc.

Les trois mots *paon, faon, Laon,* se prononcent *pan, fan, Lan;* le féminin *paonne* se prononce *panne.*

On prononce comme la nasale *an* toutes les syllabes où l'on trouve *en, em,* sauf pour les cas indiqués dans l'*a* bref et dans la nasale *in : envier, emporter,* le *temps,* les *gens*, il *prend, souvent, exempt, exempte, exempter;* dans ces derniers mots, le *t* est nul, mais on le fait sonner dans les autres, tels que *rédempteur, rédemption, exemption, contempteur,* etc.

Rouen et *Caen* se prononcent *Rouan, Can;* leurs dérivés *Rouennais, rouenneries, Caennais,* se prononcent *Rouanais, rouaneries, Canais* (voir *A* bref).

La consonne *s* se prononce à la fin des mots suivants : *Cens, Lens, Sens* (ville), *sens* (substantif commun), d'*Argens,* excepté dans *sens* commun et bon *sens :* Le *sens* commun est souvent le *sens* rare.

L'esprit c'est le *bon sens,* gai, vif, original.

Excepté dans le cas de confusion avec *bon sang,* comme dans cette phrase : Si *bon sang* ne peut mentir, *bon sens* ne peut s'égarer.

Nasale IN. — On prononce comme *vin* toutes les syllabes *in, ain, aim, ym, ein,* soit au milieu des mots devant une consonne, soit dans les finales avec ou sans une autre consonne qui les termine : *Indre, crainte, faim, daim, essaim, thym, rein, feindre, seing, absinthe, Olympe, symptôme, nymphe,* etc.

Les syllabes *em, en* devant une consonne se prononcent de même dans les noms étrangers : *Sempronius, Oldembourg, pensum, mentor, agenda, Bengale,* etc.; on donne le même son à *Benjamin, Penthièvre, benjoin, benzine, appendice,* et aux finales *en, ens* dans les mots

examen, Agen, Dupuytren, Suffren, Rubens, Le Camoëns
et *Saint-Gaudens,* où l's est sonore.

Par raison d'euphonie, le mot *hymen,* qui a le son de
l'*e* moyen dans : je *mène,* peut se prononcer *hymin*
quand il rime avec ceux qui ont la terminaison *ain*
ou *in :*

> Nous ne pouvons donc pas prendre un même chemin,
> Et j'en sors par la mort comme toi par l'*hymen.*
>
> (Émile AUGIER.)

Devant une voyelle au commencement des mots, les
syllabes *im, imm, in, inn* et *ymn* se prononcent *ime,*
ine, imne : image, immerger, inutile, inhérent, innover,
hymne, etc., excepté dans *immangeable, immanquable,*
où *im* a le son de la nasale *in.*

Le *c* qui précède le *t* est insonore dans *succincte,*
succinctement; mais on le fait sonner dans *distincte,*
distinctif, instinctif, instinctivement.

Dans les noms étrangers terminés en *im,* cette finale
se prononce *ime : intérim, Arnim, Ibrahim.*

Les noms propres *Reims* et *Norvins* se prononcent
Rince et *Norvince.*

La terminaison *éen* se prononce *é-in : européen,*
cyclopéen, etc.

La finale *ien* ou *yen* se prononce *i-in : soutien, lien,*
moyen, Troyen, etc., excepté *Enghien,* où l'*i* est nul
(prononcez *Enghin*).

L'x final se fait entendre dans les mots *sphinx, larynx, lynx* et *pharynx,* qui ont également le son de la nasale *in.*

La diphtongue *oin* se prononce *ouin* : *loin, moins, besoin,* etc. On donne le même son aux mots *coing, poing* et *Saint-Ouen.*

Les mots terminés en *ient* se prononcent de trois manières :

1º Ils ont le son de la nasale *in* à la troisième personne du singulier des verbes de la deuxième conjugaison : il *maintient,* il *convient,* etc.

2º Ils ont le son de la nasale *an* dans les substantifs : un *récipient,* un *expédient,* etc.

3º Ils ont le son de la finale *ie* à la troisième personne du pluriel de l'indicatif des verbes de la première conjugaison : ils *expédient,* ils *convient,* etc.

Nasale ON. — On prononce comme le mot *bon* toutes les syllabes où l'on trouve cette nasale, pourvu qu'elle ne soit pas devant une voyelle ou un *h* muet dans le corps des mots : *jonc, blond, long,* les *répons, rondeur,* etc., excepté dans *monsieur,* où l'*n* est insonore, dans le mot *taon,* qu'on prononce *tan,* et dans les noms étrangers tels que *Stephenson, Jefferson,* etc., qu'on prononce *sonne.*

On a pourtant francisé *Robinson,* qu'on prononce comme *pinson.*

Le *c* du mot *donc* est généralement nul : venez *donc,*

courez *donc* plus vite, etc., excepté devant une voyelle, dans la conclusion d'un argument et au commencement d'une phrase : Il est *donc* ici. Vous vous fâchez, *donc* vous avez tort. *Donc* vous me haïssez. Je pense, *donc* je suis. (DESCARTES.)

Les consonnes finales *b, ps, pt* sont nulles après un *m : plomb*, je *romps*, il *corrompt*, etc.

*Le *p* est également insonore devant un *t* dans *compte, escompte, prompte, dompter,* et dans leurs dérivés *compteur, escompter, promptitude, promptement, indomptable,* etc. ; mais on fait entendre cette consonne dans *impromptu* et dans tous les autres mots : *assomption, présomptueux,* etc.

L'*s* final se prononce dans les deux noms propres *Pons* et *Mons.*

Nasale UN. — On donne le son que nous avons indiqué pour le mot *un* à toutes les syllabes où l'on trouve cette nasale : *brun, alun, défunt, emprunter,* etc. ; on prononce de même *jeun, humble, humblement,* excepté *jungle, junte, Aruns, Pessinunte* et *punch,* qu'on prononce *jongle, jonte, Aronce, Pessinonte* et *ponche.*

Les mots terminés en *um* ont le son d'*ome* bref : *album, rhum, forum, laudanum,* etc., excepté *parfum,* qui a le son de la nasale *un.*

Quand *um* et *un* se trouvent devant une voyelle dans le corps des mots, on leur donne le son de la lettre *u : brunir, vingt et unième, parfumer,* etc.

Il en est de même dans les autres nasales, où les syllabes *an*, *in*, *on* prennent alors le son des voyelles *a*, *i*, *o* : bannir, terminer, honnir, omnipotent, calomnie, etc.

On doit éviter la répétition trop fréquente des nasales à la fin des propositions ; et si nous les employons avec excès dans les vers qui suivent, c'est uniquement pour accoutumer nos lecteurs à les prononcer comme il faut :

EXERCICE SUR LES NASALES :

Gens de Saint-Ouen, de Reims, de Laon, d'Agen, du Mans,
Rouennais, Caennais, en vain l'on vous dit à la ronde :
« La pensée a les mots parlés pour vêtements. »
La mode est mal suivie, hélas! et de tout temps
On sait que la routine a gouverné le monde.

RÈGLES DES LIAISONS.

La liaison est le transport sur la voyelle qui commence un mot de la consonne finale précédente, lorsque celle-ci est insonore par elle-même.

Voici, en suivant l'ordre alphabétique, les règles des liaisons :

C. Quand le *c* final ne se prononce pas, comme dans *estomac, cric, accroc, banc,* etc., il ne se lie pas, même en poésie, à la voyelle suivante : un *almanach* utile, un *escroc* effronté, le *marc* est un poids de huit onces.

> Voilà l'homme en effet : il va du *blanc* au noir.
> (BOILEAU.)

On excepte cependant le mot *tabac* dans le vers si connu de Thomas Corneille :

> Le *tabac* est divin ; il n'est rien qui l'égale.

Il en est de même dans l'expression *croc-en-jambes,* après le mot *franc* employé comme adjectif : un *franc* animal, et après le mot *porc.*

> Quand d'un *porc* aurons-nous la chair ?
> (BÉRANGER.)

D. Quand le *d* final est insonore, il ne se joint pas non plus à la voyelle suivante : Le *hasard* est souvent cruel ; le *nord* et le midi ; il *mord* à belles dents ; un *muid* équivaut à deux feuillettes ; il *perd* à tous les coups, etc., excepté quand on joint par un trait d'union un verbe à son sujet, ou quand un adjectif est suivi du nom qu'il qualifie ; alors le *d* final se prononce comme un *t :* Combien *perd*-il ? Ce meunier, que *moud*-il ? Quel *froid* accueil ! un *grand* écrivain, etc. ; de même après *quand* et dans *pied-à-terre, pied à pied ;* mais cette consonne garde sa prononciation normale dans les deux mots composés *nord-est, nord-ouest,* où la liaison a toujours lieu.

G. Le *g* final se lie à la voyelle suivante, mais en prenant le son du *c :* le *sang* humain, un *rang* illustre.

> Quittez le *long* espoir et les vastes pensées.
>
> (LA FONTAINE.)

Mais la liaison ne se fait jamais après les trois mots *seing, coing* et *poing.*

L. La consonne *l* qui, prise isolément, ne se prononce pas à la fin des mots, ne se lie pas à la voyelle suivante : un *fusil* arabe, un *outil* ingénieux, etc. ; mais on fait la liaison de cette lettre après l'adjectif *gentil,* en mouillant cette consonne :

> Souvent, quand le flatteur sait bien jouer son rôle,
> Le plus *gentil* enfant devient un mauvais drôle.

M. On ne fait jamais la liaison de la consonne *m* finale : la *faim* est mauvaise conseillère ; un *essaim* industrieux ; le *thym* abonde sur cette colline.

N. Les substantifs terminés en *an, ien, yen, in, ain, oin, on, un,* ne doivent pas non plus se joindre aux voyelles qui les suivent: Quel *charlatan* audacieux ! le *bien* et le mal se succèdent; voilà un moyen infaillible ; ce *vin* est bon ; le *pain* est cuit; un *besoin* urgent ; cette mère donne le *sein* à son enfant ; *Melun* est dans le département de Seine-et-Marne ; un *son* harmonieux ; une *chanson* admirable.

> Déjà tout le *vallon* aime à les répéter.
> (A. Chénier.)

Mais la liaison a lieu après les adjectifs qui ont ces diverses terminaisons : *vain* espoir ; *malin* avocat ; en *plein* air ; *moyen* âge ; *son* enfant passe pour un *bon* ouvrier ; *un* ennemi puissant ; *aucun* ami flatteur ne me semble sincère, etc., de même dans l'expression *matin* et soir, et après les mots *on, combien, rien, bien* (adverbe). On écrit: *combien* est-ce ? je n'ai *rien* à dire ; elle est *bien* obligeante.

> Dieu ne fait *rien* en vain.
> (Voltaire.)

De même dans l'expression *un* à *un* :

> Ils montent *un* à un nos âpres escaliers.
> (Lamartine.)

Mais, dans les autres cas, le pronom *un* ne se lie pas :
un et deux font trois.

P. La consonne *p* est également nulle devant un
mot commençant par une voyelle : *tout à coup* il s'éva-
nouit ; voilà un *sirop* excellent.

> Quiconque est *loup* agisse en loup.
> (La Fontaine.)

Excepté après les mots *trop* et *beaucoup* : il est *trop* in-
dulgent (*o* bref), il y a *beaucoup* à dire, etc. ; de même,
en poésie, après le mot *coup* pour éviter l'hiatus :

> Si j'avais deviné ce *coup* extravagant.
> (Émile Augier.)

R. Les substantifs terminés en *er*, *ier*, ne se lient
ni aux adjectifs ni aux verbes qui les suivent : un
berger arcadien ; un *fermier* honorable ; le *guerrier*
apparut, etc. ; mais on fait la liaison des adjectifs qui
précèdent les noms : un *léger* effort ; compagnon de
son *premier* âge, il voulut être son *dernier* ami. (Charles
Nodier.)

> Je tiens son alliance à *singulier* honneur.
> (Molière.)

Quant aux infinitifs de la première conjugaison,

nous avons indiqué, à propos de l'*é* fermé, les cas où il faut en faire la liaison.

S. On doit lier la consonne *s* pour unir un article à un nom, un nom à un adjectif, et réciproquement ; un pronom à un verbe et un auxiliaire à un participe : *Les enfants* ont, parfois, des *idées étranges :* voyez ces *grands arbres ; nous avons eu* des ennuis, etc. ; de même après une préposition et une conjonction : il sortit *après eux*, mais il n'arriva *pas à* temps.

Autant cette liaison est agréable à entendre quand elle est employée convenablement, autant elle nous semble discordante lorsqu'on s'en sert mal à propos.

C'est surtout dans les entretiens familiers qu'on doit se garder d'en abuser, comme font des puristes trop prétentieux. Il faut observer sérieusement l'euphonie et faire en sorte que l'oreille soit toujours satisfaite.

Il serait impossible d'indiquer tous les cas où le bon goût doit servir d'arbitre en cette matière. En voici cependant quelques-uns dans lesquels la liaison ne saurait avoir lieu sans paraître trop affectée.

On doit dire sans lier l'*s :* quatre *heures* un quart, onze *heures* et demie, etc. ; de même il faut éviter la liaison des deuxièmes personnes du singulier de l'indicatif des verbes de la première conjugaison : tu *chantes* et tu *parles* à merveille ; tu *déjeunes* en ville ; tu *renonces* à tes projets, etc., excepté naturellement dans les vers, pour observer les règles de la prosodie, comme dans cet exemple :

Contre les vaniteux fais trêve à tes discours :
Ne vois-tu pas qu'ici tu *parles* à des sourds ?

Les syllabes muettes devant les verbes ou entre deux et trois noms ne doivent être liées qu'avec la plus grande réserve ; leurs liaisons sembleraient ridicules dans la lecture des dialogues familiers ou dans les sujets ordinaires, comme dans les phrases suivantes : Les personnes les plus *considérables* et les plus *généreuses* étaient présentes ; ces *tasses* et ces *soucoupes* ont appartenu à votre oncle.

Après un *r*, la consonne *s* finale est aussi généralement insonore : Ce cheval a·pris le *mors* aux dents ; ce *discours* émut l'assemblée ; je le soutiendrai *envers* et contre tous ; on a ouvert un nouveau *cours* au Collège de France, etc.

On fait cependant la liaison des mots *vers*, *envers*, *cours*, *recours*, *toujours*, dans les sujets élevés et surtout en poésie :

Toujours un vent glacé ne souffle pas l'orage.
(A. CHÉNIER.)

Il a *recours* aux dieux, qui ne l'entendent pas.
(*Id.*)

Partons d'un vol égal *vers* un monde meilleur.
(V. HUGO.)

On lie également l's du mot *corps* dans les expressions *corps et âme, corps et biens*.

T. Le *t* final se joint en général aux voyelles suivantes : il est *prudent* et sage ; un *enfant* irascible ; ils *parlent* encore, etc., excepté dans les mots où cette consonne est précédée d'un *r* : un *désert* immense ; il *part* à midi ; il est *fort* et patient ; ce *rempart* était très élevé ; ce *brocart* est cher.

> Le *sort* est injuste sans doute,
> Mais n'est pas toujours rigoureux.
>
> (BÉRANGER.)

On doit cependant lier le *t* dans les locutions *de part et d'autre, de part en part*, et après le mot *fort* employé comme *adverbe* : il est *fort* à plaindre ; elle est *fort* aimable ; il chante *fort* agréablement, etc. ; de même après le mot *sert*, pour éviter l'amphibologie : cette ceinture me *serre* énormément, mais elle me *sert* avantageusement. Par raison d'euphonie, on prononce de même : un *court* espace.

Dans les quatre mots *aspect, respect, suspect, circonspect*, on lie le *c*, mais le *t* est insonore : quel *aspect* affreux ! fuyez le *respect* humain (prononcez *aspec, respec*). Tous les autres mots terminés en *ect* conservent partout le son de leurs deux consonnes finales.

Le *t* est nul après la conjonction *et* : Mazarin était dissimulé *et* avare.

X. L'*x* final, qui, pris isolément, ne se prononce pas, a le son du *z* devant une voyelle : les *jeux* innocents, les *choix* heureux, un *flux* effrayant, etc.

Dans la conversation familière, on ne joint pas cette consonne après les trois mots *perdrix, prix* et *crucifix :* une *perdrix* était cachée sous l'herbe ; il a obtenu trois *prix* et deux accessits, etc. ; mais en poésie et dans les sujets sérieux on doit toujours faire cette liaison :

> Quand la sincérité n'a pas voix au chapitre,
> La parole flatteuse est pour le *prix* un titre.

Z. Le *z* se joint également aux voyelles qui le suivent : *restez* avec nous ; il est *assez* avare.

> Vous *venez* en leur nom m'apporter leur mépris !
> (LAMARTINE.)

Mais cette consonne est nulle après le mot *nez :* un *nez* aquilin.

Il va de soi que, pour éviter l'hiatus, on fait cette liaison dans les vers :

> Quel est donc ce brigand qui là-bas, *nez* au vent,
> Se carre l'œil au guet et la hanche en avant ?
> (V. HUGO.)

Observations sur quelques noms de nombres prononcés de différentes manières.

Les nombres *cinq, six, sept, huit, neuf* et *dix* ont leurs dernières consonnes sensibles quand ils sont employés seuls ou placés devant une voyelle : j'en ai *cinq;* il en a pris *huit* sur *dix;* il a placé ses fonds à *sept* pour cent; il est *six* heures ; elle a *neuf* ans; vous avez *dix* ouvriers, etc. ; dans ces derniers cas, prononcez *size, neuve, dize.*

Devant un nom ou un adjectif commençant par une consonne, ces nombres se prononcent *cin, si, sé, hui, neu, di : cinq* francs, *six* plumes, les *sept* merveilles du monde, *huit* jours, *neuf* grands tableaux, *dix* belles images, etc.

Dans les dates, les finales des nombres précédents se font toujours entendre : le *dix* février, le *cinq* décembre, le *vingt-neuf* juillet, etc.

Le *t* du nombre *vingt* se prononce depuis *vingt et un* jusqu'à *trente : vingt-deux, vingt-trois,* etc., mais il est nul depuis *quatre-vingt-un* jusqu'à *cent.*

8.

Remarque sur les liaisons des noms propres.

Les consonnes finales qui sont insonores dans les noms propres ne se lient pas aux voyelles des mots qui les suivent : *Georges* a invité *Jules* à dîner ; *Louis* est arrivé ce matin ; la ville d'*Amiens* a une belle église gothique ; *Descartes* a écrit le *Discours de la Méthode* ; *Junot* était un brave soldat ; *Chateaubriand* acquit la réputation de père du romantisme ; *Bichat* était un grand médecin, etc., excepté dans la poésie, pour maintenir la mesure du vers :

> *Athènes* en gémit, Trézène en est instruite.
>
> (RACINE.)

> Montjoie et Saint-Denis ! *Charles* à la rescousse !
>
> (A. DUMAS.)

Pour éviter l'hiatus, on, fera également la liaison dans les vers suivants :

> *Paris* est un grand lieu plein de marchands mêlés.
>
> (CORNEILLE.)

> Et *Mignot* aujourd'hui s'est voulu surpasser.
>
> (BOILEAU.)

> Elle vient de *Madrid* avec un spadassin.
>
> (Émile AUGIER.)

EXERCICE SUR LES LIAISONS.

A l'aspect imprévu d'une œuvre fort utile,
Un sot la déclarait d'un rang inférieur,
Quand on lui dit : « Malin oison, sache, ô railleur,
Si le rire est aisé, que l'art est difficile. »

AUTRE EXERCICE SUR LE MÊME SUJET.

Le grand Sophocle de l'Angleterre, qui débuta au théâtre par le drame d'*Hamlet*, nous y donne une leçon importante en même temps que fort agréable de déclamation. « Faites accorder, nous dit-il, la parole avec l'action, l'action avec la parole, et évitez, avant tout, de sortir des bornes du naturel. » On voit donc qu'il connaissait bien ces limites, et qu'il ne pensait pas qu'on dût aller au delà ni rester en deçà. A force de vouloir dépeindre trop exactement la réalité, il arrive souvent qu'on l'outrepasse, et qu'on lui donne un aspect ou vulgaire ou abject. N'imitons pas l'auteur ridicule dont Boileau se moque avec raison dans son *Art poétique,* et qui « fait parler ses bergers comme on parle au village ». Remarquons que les paysans de Molière sont vrais, quoique ayant un esprit supérieur à celui des campagnards de leur époque. Cela nous prouve que l'art a de certaines doctrines conventionnelles et que, tout en étudiant les hommes sur le vif, on doit voir qu'il y a un choix à faire dans leurs paroles et dans leurs actes, faute de quoi l'on ne sera qu'un grossier écho et qu'un insipide reproducteur de scènes dépourvues d'intérêt et surtout d'élégance.

Manière d'appliquer les règles de prononciation et d'élocution.

Pour l'application de notre méthode, nous analyserons le conte suivant, que nous avons écrit pour ce genre de travail. Nous y ajouterons quelques réflexions sur ce qu'on appelle l'action dans l'art de la parole.

JEAN DE L'OURS ET MATHIEU LE SUBTIL.

Ne rions point de ceux que fait pleurer le sort :
Tel est faible aujourd'hui qui demain sera fort.

Deux frères, Jean de l'Ours, grand, brutal, égoïste,
Et Mathieu le Subtil, petit, affable et bon,
Vivaient dans le Tyrol, sous un toit pauvre et triste,
Du gibier qu'ils chassaient, de fruits et de cresson,
Lorsqu'un terrible hiver les trouva sans ressource.

Un matin Jean de l'Ours dit en grognant : « Morbleu !
Il nous faut décamper; prends comme moi ta course
Vers un meilleur endroit : moi, je pars seul; adieu !
— Frère, objecta Mathieu, partons plutôt ensemble !
— Bah ! reprit Jean, Subtil n'est-il pas ton surnom?
Prends-moi ce pistolet; tu n'es pas un poltron;
Va ton pas de canard, au diable, où bon te semble ! »

Ils s'en allèrent donc chacun de son côté.
Jean de l'Ours d'un grand bois parcourait l'étendue

Sans trouble et sans remords, quand soudain, à sa vue,
S'offrirent quatre loups. D'un coup bien ajusté
Au premier son fusil lance au cœur une balle;
Vite au deuxième aussi l'autre charge est fatale.
De sa crosse il abat encore un carnassier,
Mais il laisse échapper son arme; le dernier
Fond sur lui, lui saisit quatre doigts qu'il dévore
Et fuit sous les buissons. « Monstre! dit Jean de l'Ours,
Je jure et te promets, si je te trouve encore,
Que ce sera, brigand, le dernier de tes jours! »
Puis avec sa cravate il bande sa blessure,
Ramasse son fusil et poursuit son chemin.

Quant à Mathieu, tout pâle, il marche à l'aventure
Et cherche en vain les pas de son frère inhumain.
Tout à coup, un vieux loup connu de tout le monde,
Le célèbre loup blanc, apparaît à ses yeux.
Il jette au voyageur un regard furieux;
Sa gueule s'ouvre et bâille et sa voix hurle et gronde.
Mais sans tarder Mathieu court vers un châtaignier,
Y grimpe, vise, tire et perce en plein gosier
L'animal qui se roule ensanglanté sur l'herbe.
« Bravo! mon cher petit; c'est hardi, c'est superbe,
C'est sublime! lui crie alors un vieux chasseur.
Mon maître, de ces lieux étant le possesseur,
A promis, mais toujours son offre resta vaine,
Au vainqueur de ce loup sa fille et son domaine.
Suis-moi. — Non, non, c'est plus que je n'ai mérité.
— Il le faut, dis-je, il faut qu'ait lieu ce mariage! »
Mathieu n'était pas beau; mais l'esprit, le courage,
Le bon cœur, valent mieux trois fois que la beauté.
Un fat sera toujours d'un sentiment contraire,
Mais on sait bien qu'un sot ne peut longtemps charmer;
C'est par les qualités que Mathieu devait plaire
Et que de sa future il sut se faire aimer
Il épousa la belle enfant, nommée Angèle,

Qui lui donna deux fils admirables comme elle,
Et qui furent en outre aimables comme lui.

Un soir, un homme ayant un bâton pour appui
Et sur l'épaule un sac sans pain frappe à la porte.
« La charité! dit-il; mon bon monsieur, pitié !
Un gîte et quelque chose à manger, peu m'importe :
Dussé-je, près du chien, n'avoir que la moitié
Des croûtes et des os dont on fait son partage.
Chacun m'a repoussé comme impropre à l'ouvrage.
Un accident, voyez, m'a privé de mes doigts.
— Quoi ! Jean, n'est-ce pas toi que j'entends, que je vois ?»
Dit Mathieu s'approchant ; et vers son frère il vole,
Presse la main restée intacte sur son cœur
Et s'écrie : « Entre, viens... je pardonne au malheur.
— Le malheur ! répond Jean ; je sors de son école,
Et connais le profit de ses rudes leçons.
— Bien, grand frère ; mais dès que nous nous embrassons,
L'oubli couvre les torts que tu sais reconnaître. »

A quelque temps de là, Jean fut, grâce à Mathieu,
Placé dans une usine et devint contre-maître.

Souvent, les soirs d'hiver, on voyait près du feu,
Dans l'habitation du couple heureux et tendre,
Les deux petits garçons assis sur les genoux
De l'oncle Jean de l'Ours devenu Jean le Doux ;
Et, leur joignant les mains, en s'efforçant de rendre
Sa grosse voix moins âpre, il leur disait : « Enfants,
Aimez-vous toujours bien ; restez toujours intimes,
Et des loups, des pervers vous serez triomphants,
Car c'est le désaccord qui nous rend leurs victimes. »

Pour faire cette analyse, nous suivrons l'ordre que
nous avons adopté dans le cours de cet ouvrage.

1° Les *intonations*. — On emploiera la voix mixte pour tout ce qui appartient à la narration. Pour faire parler Jean de l'Ours et le vieux chasseur, on aura recours à une intonation plus profonde, et les paroles du petit Mathieu seront proférées un peu de la tête.

2° Les *gradations*. — On observera les progressions dans les mots suivants : *sa gueule s'ouvre et bâille, et sa voix hurle et gronde ; grimpe, vise, tire et perce ; c'est hardi, c'est superbe, c'est sublime ! l'esprit, le courage, le bon cœur ; n'est-ce pas toi que j'entends, que je vois ? et des loups, des pervers vous serez triomphants.*

3° Les *termes saillants* et les *répétitions*. — On prononcera avec plus de force que les autres les mots du titre et les suivants, qui ont le plus d'importance : *Va ton pas de canard, au diable, où bon te semble ! monstre, brigand, loup blanc, bravo, sa fille et son domaine, les qualités, deux fils, l'oubli et le désaccord.* On appuiera de même sur *non, il faut* et *toujours*, qui sont employés deux fois dans les mêmes phrases.

4° Les *antithèses*. — On aura soin de marquer les oppositions dans les mots suivants : *rions* et *pleurez, faible* et *fort, aujourd'hui* et *demain ; grand, brutal, égoïste : petit, affable* et *bon*, et enfin dans ce vers : *de l'oncle Jean de l'Ours, devenu Jean le Doux.*

5° Les *pauses* et les *transitions*. — On se conformera pour les premières aux règles de la ponctuation, telles que nous les avons indiquées plus haut. A la fin de chaque alinéa on s'arrêtera pour respirer, mais de manière que le spectateur ne puisse s'apercevoir du moindre effort que l'on fera. Le débit sera lent au commencement, pour bien faire saisir le sujet exposé ; mais on le précipitera au moment du combat de Jean de l'Ours contre les quatre loups, afin de peindre son empressement à se défaire de ses agresseurs. Quant aux transitions, on évitera de les brusquer trop fortement quand on passera du style narratoire au dialogue, ou du dialogue à la reprise du récit.

6° Les *inflexions* ou *accents toniques*. — Les syllabes fortes seront partout accentuées conformément à nos règles, et l'on n'oubliera pas pour quelles raisons il faut peser sur les pénultièmes dans les mots *terribles, morbleu, étendue, aventure, gosier, hardi, beauté, Angèle, bâton, embrassons, pervers, triomphants*. On se rappellera aussi que la consonne *s* est sonore dans *fils* et dans *ours*, malgré les indications de la plupart des dictionnaires ; que les voyelles *a* et *o* sont graves dans *diable* et dans *grosse*, de même que dans le pluriel *os*, où la consonne finale ne se fait pas entendre devant une autre consonne.

7° Les *élisions*. — Comme le sujet traité n'est qu'une narration familière, on élidera l'*e* muet après les mots qui ont une finale masculine, sauf pour les cas que nous avons indiqués dans une leçon spéciale. Nous rappellerons que l'élision doit avoir lieu dans *sans ressource*, et qu'on peut supprimer à volonté le son d'un des deux monosyllabes qui se suivent après un son plein. Comme l's est sonore dans : *plus que je n'ai mé-*

rité, c'est la première syllabe muette qu'on fera entendre dans cette phrase.

8º Les *liaisons.* — On devra les faire partout, sauf dans les cas particuliers que nous avons mentionnés et qui sont ici : *soudain, fusil, tout à coup, blanc,* et devant *hurle* et *hardi,* où l'*h* est aspiré.

9º Le *jeu de la physionomie.* — La figure ne peut être impassible quand la voix elle-même cherche à exprimer le mouvement. Cette partie de l'action est donc indispensable si l'on veut bien interpréter les scènes qu'on reproduit par la parole. Ainsi le visage, ce miroir des idées, sera dur et farouche quand Jean de l'Ours voudra partir seul ; sardonique quand il enverra son frère au diable en se moquant de sa démarche de palmipède ; humble et sombre quand il demandera la charité à la porte de Mathieu. La réponse de celui-ci se dira en ouvrant les yeux avec attendrissement, comme lorsqu'on cherche à émouvoir un cœur inexorable.

L'expression du visage sera celle de la surprise et de la compassion quand il reconnaîtra son frère. On traduira l'enthousiasme du vieux chasseur par le sourire qui accompagne une approbation bien méritée. Enfin, pour prononcer le dernier vers, la face deviendra sérieuse, comme cela a lieu quand on émet une vérité sur laquelle on veut attirer l'attention.

10º Les *gestes.* — Il va sans dire que nos conseils s'adressent ici au déclamateur qui récite de mémoire,

9

et non au lecteur qui, ayant le livre à la main, ne peut rendre qu'une partie très restreinte de l'action.

Les gestes ne doivent pas être multipliés au hasard, et, d'un autre côté, il faut se garder de rester dans une immobilité absolue. On doit surtout montrer ce qui est indiqué dans le texte et ce que l'auteur fait entrevoir.

Quand Jean de l'Ours annoncera son départ, on fera un pas en avant, en disant adieu! On joindra les mains en prononçant la réponse de son malheureux frère. Pour envoyer ce dernier au diable, il faudra décrire une demi-courbe avec le bras et le lancer violemment devant soi. En proférant la menace qui s'adresse au quatrième loup, on fera un geste rapide également en avant, et l'on relèvera la tête avec colère.

On dira l'exclamation *bravo !* en allongeant le bras en signe d'approbation. La gradation *c'est hardi, c'est superbe, c'est sublime!* sera marquée par un mouvement de la tête qu'on lèvera peu à peu en suivant la progression de la voix. En répondant *non, non,* on secouera la tête en signe de refus. On accentuera la répétition *il faut* en rabattant la main avec fermeté, pour faire voir que c'est un point bien résolu.

La prière de Jean de l'Ours sera figurée de la manière la plus ostensible : on tendra la main en demandant la charité ; on baissera la tête, et l'on prononcera *voyez* en montrant le poignet droit qu'on tiendra fermé pour indiquer l'absence des doigts.

On prononcera *nous nous embrassons* en décrivant un demi-cercle entre les deux bras. On dira *leur joignant les mains* en les rapprochant soi-même l'une de l'autre, et la conclusion s'exprimera en lançant l'index devant soi, comme cela se fait généralement pour une démonstration importante ; seulement, dans le cas actuel, on fera, pour la raison que nous venons de dire, ce mouvement de la main gauche.

L'évasion d'un Lapon.

Pour l'exercice qu'on va lire, nous laissons à nos lecteurs le soin d'appliquer nos règles et nos exceptions. Nous croyons inutile d'employer les caractères italiques pour marquer de nouveau ce qui nous semble avoir été surabondamment expliqué.

Le lendemain de la dernière fête d'Enghien, je rencontrai, vers deux heures et demie, près de Saint-Gratien, un petit homme que j'avais vu la veille dans une baraque de saltimbanques.

C'était une espèce de nain à la barbe inculte et à la chevelure longue et graisseuse. Sa tête épaisse, son visage plat, son nez un peu écrasé, ses paupières rougeâtres, sa taille lilliputienne, tout son aspect étrange dénotait un indigène de la Laponie.

— Tiens, m'écriai-je en le voyant accoutré de son costume de marin, voilà le grand amiral Stockson qui visite notre petite mer Caspienne.

— Monsieur ! monsieur ! exclama ce petit être avec un léger accent guttural, ne me trahissez pas, ayez pitié d'un pauvre père de famille qui s'en va retrouver à Tornotresh sa bonne femme, ses quatre filles et ses sept fils !

— Ah ! tu songes à partir pour ton village : il paraît, mes petits bonshommes, que vous avez de nombreuses familles par là-bas : rien que la somme de onze enfants... excusez du peu !

— Mes compatriotes sont loin d'être tous lotis comme moi, monsieur ; c'est ma postérité exceptionnelle qui m'a forcé d'émigrer pour amasser un peu d'argent. Les Lapons ne sont pas bien riches, et l'on trouve chez eux plus de rochers et de glaçons que de pièces d'or et d'argent.

— Oui, je le sais ; mais de quelle façon te proposes-tu de t'en retourner si loin ?

— A pied, monsieur, car je n'ai pas même de quoi prendre un wagon de troisième classe.

— Et où coucheras-tu ?

— En plein air, quand on me refusera l'hospitalité.

— Tu t'exprimes assez bien en français : comment donc as-tu appris cette langue ?

— En voyageant depuis neuf mois avec la troupe du roi des Caraïbes.

— Ah ! oui, avec ce grand escogriffe qui cogne les cymbales et qui bat tantôt la grosse caïsse, tantôt ses malheureux sujets ; vraiment, il a une bonne tête, ce potentat : des yeux et des sourcils d'albinos, une crinière en saule pleureur et des dents comme un jeu de dominos. Voilà un croquemitaine qui ne doit pas rire tous les jours.

— Oh! non, monsieur : c'est pourquoi je l'ai planté là tout à l'heure pour m'en aller en Laponie ; figurez-vous qu'aujourd'hui même il m'a donné le fouet, après m'avoir traité de sagouin et de magot.

— Alors il paraît, mon petit drôle, que tu te mets en rupture de ban. Gare le knout si ton monarque te rattrape! A cause de ton escapade tout doit être chez lui sens dessus dessous.

— J'espère qu'il ne m'atteindra pas, car autrement je mourrais de terreur.

— Sois tranquille : nous avons des gendarmes à cheval qui n'ont pas peur de ce grand diable. Mais pourquoi n'as-tu pas amené ta famille en France ?

— En France, monsieur! mais ce serait la mort pour elle !

— Comment, la mort? que dis-tu là?

— Certainement : comment peut-on vivre dans une région où il y a un ciel si clair qu'il vous aveugle les yeux, un climat si tyrannique qu'il fait craquer de douleur le blé dans les champs et pousser la vigne à tort et à travers comme un ivrogne qui vacille en tout sens? Oh! la France! mais je vous le demande, Monsieur, avez-vous un hiver sérieux, vous autres (1)?

(1) Ce récit, comme on le voit, fut écrit avant l'hiver de 1879-1880 et le suivant.

Non, non, chez vous pas de chair de requin, pas d'huile de phoque, pas de neige pour vous rafraîchir le gosier, pas de peau d'ours pour vous vêtir les jours de fêtes, pas de brouillard épais qui vous enveloppe comme un manteau bienfaisant; en un mot, rien de ce qui contribue au bien-être de l'espèce humaine.

— Bravo ! grand amiral; tu me fais comprendre ce qu'on entend par l'esprit de clocher : il consiste à trouver bon tout ce qu'on a chez soi et mauvais tout ce qui existe chez les autres.

Comme j'achevais cette réflexion, un homme aux jambes immenses, et qui n'était autre que le roi des Caraïbes, surgit tout à coup d'un taillis voisin :

— Vite, au chenil ! cria-t-il d'une voix de tonnerre.

— Un instant, sire, fis-je en m'interposant et en brandissant mon bâton ; je vais conduire avec vous ce voyageur égaré chez le commissaire. Voici justement le brigadier qui s'avance de ce côté.

Le monarque, ahuri, revint de son caprice,
Vexé que, sous son règne, on crût à la police.

Il démarra la tête basse et sans demander aucune explication, et j'emmenai mon petit Lapon à Paris, où je le remis au consulat de Suède et de Norvège, après lui avoir laissé quelques pièces de monnaie et une livre de tabac à fumer.

Qu'est devenu cet intéressant amiral Stockson?
A-t-il revu sa famille et son pays? J'aime à le croire,
et dans ce cas personne plus que lui ne doit être
content de sa destinée,

> Car l'endroit le meilleur, le plus beau de la terre,
> C'est le village où près des aïeux endormis
> On a son vieux foyer, ses mœurs que rien n'altère,
> Sa femme, ses enfants et ses premiers amis.

A un futur Démosthène de Viroflay.

Mon petit monsieur,

Vous avez eu quatorze ans la semaine dernière, et, le soir même de la fête de famille qui a été donnée à l'occasion de cet anniversaire, votre récitation vous a fait surnommer par vos deux vieilles tantes le futur Démosthène de Viroflay. (Pourquoi pas plutôt Roscius?)

Comme j'ai pu vous entendre et vous apprécier, je me permettrai de jeter dans votre jardin quelques-uns de ces objets que mettait dans sa bouche le grand orateur athénien avec qui vous devez un jour rivaliser.

La pièce de vers que vous avez débitée est intitulée *La Conscience :* c'est le récit de la fuite de Caïn, une des plus saisissantes narrations de la *Légende des siècles* de Victor Hugo.

Vous avez récité tout ce morceau d'un seul trait, et vos auditeurs ont admiré comme moi la force de vos poumons. Certes, c'est déjà quelque chose que d'avoir un organe bien sonore, mais ce n'est pas tout : il faut savoir nuancer et varier les intonations.

Vous avez commencé sur le même ton que vous avez fini, et je prendrai la liberté de vous faire observer que si vous avez bien appris votre leçon, vous avez commis sous le rapport de la diction presque autant d'erreurs qu'il y a de phrases dans ces deux pages.

Laissez-moi vous dire tout d'abord que vous n'avez pas su vous arrêter quand il le fallait et que vous ignorez absolument les règles des pauses, des transitions et des gradations, sans lesquelles l'élocution est tout ce qu'il y a de plus intolérable.

Ainsi l'exposition, qui est ici calme et majestueuse, demandait un ton lent et solennel, comme c'est souvent l'usage dans les exordes de nos grands orateurs.

Si vous ne ménagez pas vos forces au commencement, vous ressemblerez beaucoup à un mauvais joueur de barres qui part au grandissime galop et qui, bientôt épuisé et hors d'haleine, ne peut manquer d'être fait prisonnier.

Retenez bien ceci, mon jeune monsieur : il faut qu'on donne à chaque phrase l'expression qui lui est propre, et que la voix s'élève ou s'abaisse selon que les mots ou les idées sont plus ou moins énergiques. Il faut se garder toutefois d'exagérer la force de la tonalité, car on tomberait alors dans le défaut de certains déclamateurs ridicules qui chantent plutôt qu'ils ne parlent.

Pour revenir à votre récitation, bien que je ne veuille

pas entrer dans de trop grands détails, je vous dirai sans détour, à propos de la voix, que vos intonations n'ont pas offert la variété nécessaire.

Il y avait cependant pour l'organe des contrastes bien frappants, par exemple dans les vers qui suivent :

> Vous ne voyez plus rien? dit Tsilla, l'enfant blond,
> La fille de ses fils, douce comme l'aurore,
> Et Caïn répondit : Je vois cet œil encore.

Les trois intonations de la voix devaient également se reproduire dans ceux-ci :

> O mon père,
> L'œil a-t-il disparu? dit en tremblant Tsilla.
> Et Caïn répondit : Non, il est toujours là.

Ce point, comme vous pouvez le voir, n'est pas à dédaigner, car l'attention des auditeurs est surtout mise en éveil par ces sortes d'oppositions.

L'instinct ou, si l'on veut, le feu sacré ne peut dispenser de l'étude qui donne la correction; les soi-disant artistes dramatiques qui prétendent le contraire se trompent étrangement, et la poudre qu'ils jettent aux yeux du public n'atteint jamais que la partie la moins clairvoyante ou la moins attentive des spectateurs.

J'ai souvent été à même d'entendre et de contempler nos sociétaires les plus renommés : MM. Geffroy, Régnier, Monrose, Got, Bressant ; M. Delaunay à qui, selon l'expression de Molière, l'on n'a rien à dire ; M. Coquelin, qui a déclaré sans vanité devoir plus au travail qu'à la nature ; j'ai admiré également MM. Legouvé, Sarcey et de Lapommeraye, ces maîtres experts dans l'art de la lecture et de l'élocution ; j'ajoute à leurs noms ceux du célèbre professeur Delsarte et du grand Frédérick Lemaître, si justement populaire : eh bien ! vous pouvez m'en croire sur parole, j'ai toujours constaté que leur succès provenait de la variété de leur diction. C'est après avoir creusé leur sujet et en avoir sondé tous les détails qu'ils produisaient tant d'effet sur les connaisseurs. Tous m'ont convaincu que le talent consiste à dissimuler les efforts et à saisir le naturel à force d'art... ou d'artifice.

Leur exemple, mon jeune monsieur, vous démontre que le progrès dans la déclamation *augetur curâ*, comme dit votre Sénèque à propos de la mémoire, c'est-à-dire qu'il grandit en raison de notre persistance à surmonter les difficultés.

Il me reste à vous parler du jeu de la physionomie et du geste dont il a déjà été question dans cet ouvrage.

Les diverses expressions du visage doivent reproduire aux yeux chacune des idées qu'on fait entendre. C'est pourquoi dans votre récit il fallait rendre tour à tour le tremblement de ce sinistre fugitif au moindre bruit qu'il entend, sa confiance en arrivant près de la mer, son effroi qui redouble en retrouvant l'œil à la même place, la douceur compatissante de sa petite-fille, la consternation de ses fils en le voyant en proie à la terreur, leur furieuse résolution de tout entreprendre pour cacher l'objet qui l'épouvante, et enfin, après une dernière tentative où le coupable reprend son assurance, l'effrayante apparition de cet inévitable témoin, apparition si bien exprimée dans ce vers :

L'œil était dans la tombe et regardait Caïn !

En ce qui concerne les attitudes du corps et les mouvements des bras, vous savez comme moi que cette partie de l'élocution est aussi nécessaire au narrateur ue notre langue l'est à notre voix.

L'action est si bien liée à l'émission de la parole, que, sauf pour les aveugles, il est impossible de l'en séparer.

S'il y a encore chez nous quelques rares partisans de l'immobilité dans la diction, ils feront bien de se rendre aux lectures ou aux conférences qui sont données par nos premiers artistes dramatiques, et l'on peut en outre les engager à lire à ce sujet les conseils donnés par Molière dans l'*Impromptu de Versailles* et par Racine dans la comédie des *Plaideurs*.

Voici ce qu'ils trouveront dans cette dernière pièce :

— C'est fort bien débuté, dit l'Intimé à Petit-Jean; puis il ajoute d'un ton railleur :

Mais que font là tes bras pendants à ton côté?
Te voilà sur tes pieds droit comme une statue.
Dégourdis-toi. Courage! allons, qu'on s'évertue!

Oui, on doit se remuer; mais la question est de savoir de quelle façon il faut pratiquer l'adaptation du geste à la pensée, et se servir à propos de la tête, des épaules, des bras, des mains et des jambes.

Les gens qui sont gauches, gênés dans leurs entournures ou qui, pour parler comme Molière, grouillent aussi peu qu'une pièce de bois, feront bien de prendre d'abord quelques leçons de maintien. Heureusement pour vous, vous avez moins à faire sous ce rapport que sous les autres, et il vous sera facile d'acquérir ce qui vous fait encore défaut dans la gymnastique de la parole.

Pour se livrer à ce genre d'étude, il n'est pas même nécessaire de se destiner comme vous au barreau, et encore moins à la carrière dramatique, car tous, quelle que soit notre condition, nous sommes les avocats de ce que nous regardons comme notre droit, et chacun de nous est appelé à jouer son rôle sur la scène du grand théâtre qu'on appelle le monde.

En attendant que vous y obteniez tout le succès que vous pouvez désirer, veuillez accepter cette leçon moins sévère que juste et croire à mes sentiments les plus affectueux.

FIN

Voici un livre d'une incontestable utilité, qui s'adresse à la fois aux gens du monde, aux étrangers et aux élèves de nos écoles. C'est un traité sur la prononciation française et la diction (1), par M. Alfred Cauvet. Aujourd'hui que la comédie de salon est à la mode, et les saynettes, et les récits larmoyants ou plaisants débités le dos à la cheminée, il faut aux Coquelins amateurs un manuel de l'art de bien dire. Dans les lycées on renonce de plus en plus à la vieille déclamation classique. Cette mélopée monotone et solennelle a fait place à un débit plus simple et plus naturel. On sait avec quelle persistance M. Legouvé a prêché cette réforme. Il n'a pas prêché dans le désert et ses idées triomphent. On ne psalmodie plus. Calprenède et Juba ne parlent plus du même ton. Nos jeunes lycéens commencent à rendre les nuances ; tour à tour ils tonnent comme Achille, maudissent comme Cly-

(1) Alfred Cauvet, *la Prononciation française et la diction.* — 1 vol. Paris, 1881. Paul Ollendorff.

temnestre et soupirent comme Iphigénie. Quelques uns même sont arrivés à avoir, au besoin, des larmes dans la voix. J'en sais qui roulent leurs yeux comme M. Mounet-Sully. Il faudra même prendre garde de trop aviver ce beau feu, car on finirait par faire éclore des vocations dramatiques qui pourraient contrarier les familles. Toujours est-il que la réforme, si on n'exagère rien, est excellente de soi, et que la jeunesse l'a accueillie avec joie. Le manuel de M. Cauvet vient donc à propos.

Ce qui me plaît dans ce livre très bien fait, c'est qu'il est pratique. L'auteur ne fait pas de théories ambitieuses au sujet de la prononciation ; il enregistre les décrets de ce que Molière appelle le bel usage. Il faut prononcer tel mot de telle façon, parce que c'est de cette façon qu'on le prononce à la Comédie-Française et au Conservatoire. Le pourquoi et le comment, peu importe : c'est ainsi parce que c'est ainsi. Il y a des bizarreries, des anomalies ; résignons-nous. On écrit d'une même orthographe *je sais* et *je vais,* et l'on dit je *sé* et je *vè :* cela est illogique ; eh bien ! tant pis. La terminaison est identique dans les mots *j'aimai* et le mois de *mai ;* dites néanmoins *j'aimé* et le mois de *mè,* bien que M. Sarcey ne s'en console pas. Mais ses réclamations seront peut-être écoutées ; rien ne dit que dans dix ans, avant peut-être, l'usage ne s'établira pas de dire le mois de *mé :* ce jour-là, M. Cauvet, qui enregistre les variations de ce mode, sera le premier à vous recommander de prononcer de même le

10.

mois de *mai* et *j'aimai*, qui pourront alors rimer ensemble. Et il le fera sans douleur, j'en suis certain. En attendant, conformons-nous à l'usage. Ne disons pas : Mais en Touraine, où s'est conservée la tradition pure, on prononce d'une autre façon ! — J'ai précisément reçu une lettre d'un spirituel Tourangeau qui veut que nous disions à Paris le mois de *mé* parce qu'on dit ainsi dans sa province. — Non, suivons la coutume de Paris. Le volume de M. Cauvet nous sera pour cela un guide sûr. Il faut l'avoir sous la main et le consulter quand on hésite ; oui, tout le monde, même vous, Messieurs les Tourangeaux.

Maxime GAUCHER.

(*Revue politique et littéraire de la France et de l'étranger.*
29 octobre 1881.)

Dans ses recherches philologiques, il arrivait souvent à M. Littré de faire au sujet de la prononciation de certains mots de très curieuses découvertes, et maintes fois l'*accent*, ce plaisant *accent* des méridionaux dont les Parisiens se moquent si volontiers, lui permit de décider à coup sûr à propos d'une étymologie douteuse.

Ces études si délicates offraient à l'auteur du *Dictionnaire de la langue française* un attrait tout particulier, et je suis bien sûr qu'il regretterait d'être mort deux jours trop tôt, si par hasard il apprenait, là-haut ou là-bas, quel intéressant petit livre un autre éminent philologue, M. Alfred Cauvet, publiait à Paris sous ce titre : *la Prononciation française et la Diction*, le jour même où M. Littré quittait, hélas ! sa petite chambre de la rue d'Assas pour le froid caveau du cimetière Montparnasse !

On ne sait pas assez comme cette douce et terrible langue française est pleine, même sur ce point, de difficultés inouïes, toutes prévues, relevées, signalées d'ailleurs par M. Cauvet avec une patience non moins bénédictine que celle de son illustre prédécesseur.

Un homme qui s'y connaît, un maître en l'art de bien dire, M. Delaunay, de la maison de Molière et professeur au Conservatoire, s'est empressé de mettre entre les mains de ses élèves cet excellent petit ouvrage, où les exemples sont aussi bien choisis que les règles nettement tracées.

Mais comment oser parler encore, quand, après avoir parcouru cet utile manuel, on possède la douloureuse certitude que l'on massacre habituellement dans la conversation les trois quarts des mots !

Heureusement, les maîtres eux-mêmes ne sont pas toujours d'accord. Par exemple, à propos des *ll* mouillées comme dans les mots *billet*, *étriller*, etc., M. Cauvet qui, je crois, a raison, veut que l'on prononce, *biiet, étriier,* tandis que M. Littré tient absolument pour *bi-liet, étri-lier,* etc.

De quelque façon que l'on dise, en ce cas, on peut donc se retrancher derrière l'une ou l'autre de ces autorités ; mais je dois avertir le lecteur que ces divergences d'opinions sont rares, et les casse-cou nombreux !...

ARISTIDE ROGER.

(*Journal illustré* du 12 juin 1881.)

TABLE

LIBRAIRIE PAUL OLLENDORFF

28 *bis*, RUE DE RICHELIEU, PARIS.

Principes de diction, par H. DUPONT-VERNON, de la Comédie-Française. 1 vol. in-18 .... **2** fr. »

L'art de dire le monologue, par COQUELIN aîné et COQUELIN cadet, de la Comédie-Française, 1 volume grand in-18 .... **3** fr. **50**

La diction et l'éloquence, par Alphonse SCHELER. In-18 .... **1** fr. »

L'art d'écrire enseigné par les grands maîtres, par CH. GIDEL, proviseur du Lycée Louis-le-Grand, 1 volume gr. in-18 .... **3** fr. »

Nouveau Cours pratique de langue française, par A. PROFILLET (de Mussy). 1 vol. in-18 .... **2** fr. **50**

Dictionnaire des lieux communs. par Lucien RIGAUD, 1 fort vol. gr. in-18 .... **6** fr. »

Nouvelle méthode pour apprendre à lire, à écrire et à parler une langue *en six mois*, à l'usage des Français, des Espagnols, des Italiens, des Anglais, des Allemands, des Russes, des Portugais, par le docteur H.-G. OLLENDORFF.

Lectures latines faisant suite à la Méthode Ollendorff appliquée au Latin. **Nouveaux morceaux choisis de poètes et de prosateurs latins,** *suivis d'une table chronologique et raisonnée des auteurs*, recueillis et annotés par Victor DERELY, ancien élève de l'École Normale supérieure. 1 vol in-8 .... **3** fr. »

Le mot et la chose, par FRANCISQUE SARCEY. Un élégant volume gr. in-18, 3e édition .... **3** fr. **50**

Nouvelle collection de manuels pratiques de correspondance, à l'usage des Français, des Espagnols, des Italiens, des Anglais, des Allemands, contenant des lettres familières et commerciales avec des notes et un Dictionnaire des termes de commerce, publiée sous la direction de J.-B. MELZI, et honorée d'une médaille d'or. Chaque manuel, 1 vol. in-18 jésus .... **2** fr. **50**

Gœthe. Gœtz de Berlichingen à la main de fer, drame; nouvelle traduction française avec le texte allemand en regard par E. B. LANG, agrégé de l'Université, professeur à l'École Militaire de Saint-Cyr et au Lycée Louis-le-Grand. 1 vol. in-12 .... **3** fr. »